"十四五"时期国家重点出版物出版专项规划项目

转型时代的中国财经战略论丛

国家治理视角下政府会计监管的动态机制与持续优化研究

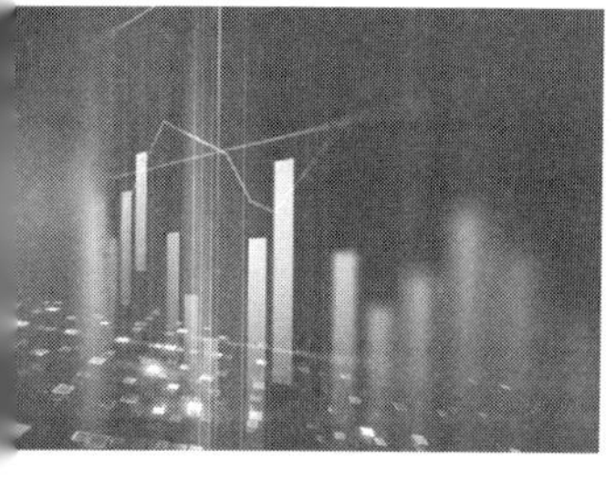

Study on the Dynamic Mechanism and Continuous Optimization of Government Accounting Regulation from the Perspective of National Governance

武 辉 著

中国财经出版传媒集团

经济科学出版社
Economic Science Press

·北京·

图书在版编目（CIP）数据

国家治理视角下政府会计监管的动态机制与持续优化研究/武辉著．--北京：经济科学出版社，2023.10
（转型时代的中国财经战略论丛）
ISBN 978-7-5218-5147-2

Ⅰ.①国…　Ⅱ.①武…　Ⅲ.①会计检查-政府管制-研究-中国　Ⅳ.①F231.6

中国国家版本馆 CIP 数据核字（2023）第 179256 号

责任编辑：于　源　郑诗南
责任校对：王京宁
责任印制：范　艳

国家治理视角下政府会计监管的动态机制与持续优化研究
武　辉　著
经济科学出版社出版、发行　新华书店经销
社址：北京市海淀区阜成路甲 28 号　邮编：100142
总编部电话：010-88191217　发行部电话：010-88191522
网址：www.esp.com.cn
电子邮箱：esp@esp.com.cn
天猫网店：经济科学出版社旗舰店
网址：http://jjkxcbs.tmall.com
北京季蜂印刷有限公司印装
710×1000　16 开　12.5 印张　200000 字
2023 年 10 月第 1 版　2023 年 10 月第 1 次印刷
ISBN 978-7-5218-5147-2　定价：52.00 元
（图书出现印装问题，本社负责调换。电话：010-88191545）

总 序

“转型时代的中国财经战略论丛”是山东财经大学与经济科学出版社在合作推出“十三五”系列学术著作基础上继续在“十四五”期间深化合作推出的系列学术著作，属于“‘十四五’时期国家重点出版物出版专项规划项目”。自2016年起，山东财经大学就开始资助该系列学术著作的出版，至今已走过7个春秋，其间共资助出版了152部学术著作。这些著作的选题绝大部分隶属于经济学和管理学范畴，同时也涉及法学、艺术学、文学、教育学和理学等领域，有力地推动了我校经济学、管理学和其他学科门类的发展，促进了我校科学研究事业的进一步繁荣发展。

山东财经大学是财政部、教育部和山东省人民政府共同建设的高校，2011年由原山东经济学院和原山东财政学院合并筹建，2012年正式揭牌成立。学校现有专任教师1730人，其中教授378人、副教授692人，具有博士学位的有1034人。入选国家级人才项目（工程）16人，全国五一劳动奖章获得者1人，入选“泰山学者”工程等省级人才项目（工程）67人，入选教育部教学指导委员会委员8人，全国优秀教师16人，省级教学名师20人。近年来，学校紧紧围绕建设全国一流财经特色名校的战略目标，以稳规模、优结构、提质量、强特色为主线，不断深化改革创新，整体学科实力跻身全国财经高校前列，经管类学科竞争力居省属高校首位。学校现拥有一级学科博士点4个，一级学科硕士点11个，硕士专业学位类别20个，博士后科研流动站1个。应用经济学、工商管理和管理科学与工程3个学科入选山东省高水平学科建设名单，其中，应用经济学为“高峰学科”建设学科。应用经济学进入软科“中国最好学科”排名前10%，工程学和计算机科学进入ESI全球排名前1%。2022年软科中国大学专业排名，A以上专业数18个，位居省属高校第2位，全国财经类高校第9位，是山东省唯一所有专业全部上榜的高校。2023年软科世界大学学科排名，我校首次进入世界前1000名，位列910名，中国第175名，财经类高校第4名。

2016年以来，学校聚焦内涵式发展，全面实施了科研强校战略，取得了可喜成绩。仅以最近三年为例，学校承担省部级以上科研课题502项，其中国家社会科学基金重大项目3项、年度项目74项；获国家级、省部级科研奖励83项，1项成果入选《国家哲学社会科学成果文库》；被CSSCI、SCI、SSCI和EI等索引收录论文1449篇。同时，新增了山东省重点实验室、山东省重点新转智库、山东省社科理论重点研究基地、山东省协同创新中心、山东省工程技术研究中心、山东省两化融合促进中心等科研平台。学校的发展为教师从事科学研究提供了广阔的平台，创造了更加良好的学术生态。

“十四五”时期是我国由全面建成小康社会向基本实现社会主义现代化迈进的关键时期，也是我校合并建校以来第二个十年的跃升发展期。2022年党的二十大的胜利召开为学校高质量发展指明了新的方向，建校70周年暨合并建校10周年校庆也为学校内涵式发展注入了新的活力。作为“十四五”时期国家重点出版物出版专项规划项目，“转型时代的中国财经战略论丛”将继续坚持以马克思列宁主义、毛泽东思想、邓小平理论、“三个代表”重要思想、科学发展观、习近平新时代中国特色社会主义思想为指导，结合《中共中央关于制定国民经济和社会发展第十四个五年规划和二〇三五年远景目标的建议》以及党的二十大精神，将国家“十四五”时期重大财经战略作为重点选题，积极开展基础研究和应用研究。

“十四五”时期的“转型时代的中国财经战略论丛”将进一步体现鲜明的时代特征、问题导向和创新意识，着力推出反映我校学术前沿水平、体现相关领域高水准的创新性成果，更好地服务我校一流学科和高水平大学建设，展现我校财经特色名校工程建设成效。我们也希望通过向广大教师提供进一步的出版资助，鼓励我校广大教师潜心治学，扎实研究，在基础研究上密切跟踪国内外学术发展和学科建设的前沿与动态，着力推进中国特色哲学社科科学学科体系、学术体系和话语体系建设与创新；在应用研究上立足党和国家事业发展需要，聚焦经济社会发展中的全局性、战略性和前瞻性的重大理论与实践问题，力求提出一些具有现实性、针对性和较强参考价值的思路和对策。

山东财经大学党委书记 王邵军

2023 年 8 月 16 日

前　言

作为资源配置的引导员，会计在资本市场和社会经济运行中发挥着重要的基础性作用。党的十九大报告明确指出“使市场在资源配置中起决定性作用，更好发挥政府作用”①。随着国家治理体系和治理能力现代化的不断推进，政治、经济等领域的制度安排和运行机制的改革不断深化，如政治领域中推行绩效管理、政府职能整合、权力制约等，经济领域中财税体制改革、区域经济合作、混合所有制改革等。社会制度的深刻变革对政府会计监管体系的改革提出了新的要求。

本书在分析国家治理与政府会计监管关系的基础上，从国家治理视角剖析了政府会计监管社会实践和理论研究存在的“会计治理能力较弱”“不适应新会计环境变化”“制度设计僵化”“监管过度与不足并存”“社会关注度低”“法律法规建设滞后”“多元监管互补协调较差”等问题，通过对国内外相关文献进行收集和分析，进一步明确本书研究的理论目标。

本书提出，国家治理框架下政府会计监管是经济治理体系中的重要内容，认为政府会计监管与会计监管环境是相互依存、相互作用、相互影响的。会计监管环境决定和制约了会计监管的目标、模式等，会计监管对改善和调整会计监管环境具有相反作用。国家治理框架下政府会计监管的含义是以政府为主导整合其他多元治理主体并以增进公共利益、

① 习近平：《决胜全面建成小康社会　夺取新时代中国特色社会主义伟大胜利——在中国共产党第十九次全国代表大会上的报告》，人民网，2017－10－28，http：//jhsjk. people. cn/article/29613660.

维护公共秩序为目标，依据相关法律法规对各种会计活动进行的监督、控制、管理和指导，监管目标是提高会计信息质量、保护社会公共利益、修补会计失灵。

本书探究“治理主体是谁”“治理主体之间关系”，国家的治理主体是由政府、组织、公民等多元组成，这种主体的多元性打破了传统社会的同质性，任何集权模式都已不合时宜，政府责任、市场平等、社会利益、公民权利缺一不可，会计监管的治理主体要想在多元异质的环境中获取自身利益，就必须适应国家治理环境的特点，通过平等合作实现共赢。因此，多元共治成为提高政府会计治理能力的关键，是降低会计治理风险的务实选择。

本书分析政府、股东、债权人、社会公众等利益相关者在政府会计监管中的行为偏好、博弈妥协、集体选择等，结合具有政治性和经济性的政府会计监管原则，揭示政府会计监管对维护经济利益公平、公正、均衡分配的贡献。研究利益相关者的会计监管参与度，明确政府与市场、政府与社会权力的边界范围，从多元共治的角度提出政府最优监管即相对均衡模型。政府的最优会计准则监管并不是要杜绝所有会计欺诈行为，而是要把会计欺诈行为控制在一定范围之内。

会计善治是追求整个会计领域的好秩序、好信息、好规制，是会计监管目标的实现路径。现有的政府会计监管模式以发布宏观定性结论为主，信息滞后、可用性不强，监管方法和手段落后，因此监管机制应有所创新。本书在分析利益相关者行为偏好和集体选择的基础上，从多元共治的角度构建动态综合评价体系，将目前常用的定性监督结论改用评价指数代替，定期持续发布，参照监管指数对被评价者排序，进一步提升政府会计监管结论的权威性和影响力。

科技变革将带领政府会计监管走进创新监管的新时代，技术与管理的并重、创新与治理的互补、科技与监管的融合是未来优化政府会计监管的必然选择。当前，监管技术匮乏、监管模式滞后和监管效率较低等问题突出，仅以传统的政府会计监管体系执行审慎监管、功能监管、行为监管等已不足以解决上述问题。要在传统会计监管维度之外增加科技驱动维度、多元善治维度，以更好地应对会计智能化可能产生的风险以及由此引发的监管挑战。

本书结合上述分析提出了明确政府会计监管目标和职能定位、加强政府监督主体横向协同合作、强化中央与地方纵向联动、完善会计监督法治环境建设、提升政府会计监管改革中的科技治理能力、加强公众和大众传媒对政府会计监管等政策建议。

目　录

第1章 绪　论

1.1 研究背景和意义

1.1.1 研究背景

随着国家治理体系和治理能力现代化的不断推进，加强“监管”成为资本市场的主旋律。会计是资源配置的引导员、资本市场的核心要素，因此也应该运用监管之力提高会计信息质量、牵引资本市场健康规范发展。从国家治理结构和治理主体来看，政府的会计监管是经济治理体系中的重要组成部分，由于会计治理环境的变化以及现有政府会计监管效率较低、方法单一、制度盲区等问题使得加快政府会计监管改革成为必然。本书从国家治理视角入手，在反思传统政府会计监管的基础上，运用制度经济学和利益相关者理论对政府会计监管进行剖析和全新思考，建立政府会计监管的绩效动态评价体系和治理运行体系，确保会计信息质量，提升政府的会计监管能力和服务实体经济的能力，最终实现多元共治、依法善治。

良好的政府会计监管是一个国家经济健康发展、市场秩序有序进行、企业正常运转、会计人员素质提高的必要条件，企业发布的会计信息具有一系列经济后果，国家要据此制定经济政策，投资者要据此进行分析和决策，管理者据此经营管理企业。合理有效的政府会计监管保证了会计信息的真实有效，实现了上述目标，提高了资源的配置效率，进一步促进了市场经济的发展并维护了各投资者的利益。

1.1.2 研究意义

1. 学术价值

仅从经济监督和利益分配视角研究政府会计监管是远远不够的，在当前形势下更应体现出政府会计监管的公共性和权威性。政府会计监管是国家治理体系的重要组成部分，宏观层面的国家政治、经济、社会等政策变迁为会计监管改革提供了契机，本书将会计制度当作一项宏观经济政策，从国家治理的视角分析政府会计监管问题，有利于充实政府会计监管的理论基础、探索高效的动态治理体系，为政府会计监管研究提供新的视角和思路。

2. 应用价值

金融危机以来，发达经济体和新兴市场国家都开始重新审视国家的治理方式和风险防范措施，政府会计监管制度同样面临挑战和机遇。本书着眼于整个会计系统的动态监管，根据我国会计体系的发展水平、环境变化和风险变迁，从国家治理的视角研究会计领域的政府治理结构及持续优化，有利于提高政府会计监管能力、规范会计活动，为政府会计监管改革和会计信息治理提出政策建议，满足国家经济发展和社会治理的需要。

1.2 文献综述

自20世纪30年代以来，经济学的发展推动了会计监管的研究。西方学者以会计信息为主要研究对象，探讨政府会计监管问题，形成了公共利益论、经济监督论等理论。我国政府会计监管研究大多关注“会计控制”问题，侧重于会计监督的法治建设、会计行业规范、会计监督方法等方面。

1.2.1 关于政府会计监管的基本内涵

罗斯·瓦茨和杰尔德·李（Ross Watts & Jeorld Li，1986）从有效

市场假设的角度阐述了政府会计监管成本、股价效应以及监管目标等基本问题。王军等（1988）提出把会计固有的监督职能与政府的行政监督职能区别开来，认为会计的行政监督可以通过强化外部监督体系来实现。政府会计监管的属性是制衡，李志斌（2009）从社会学的规则理论视角提出权力分享制衡机制是政府会计监管的核心要素。哈尼·伊·沃尔克和迈克尔·吉·特尔尼（Hany I. Wolk & Michael G. Tearney，1997）分析了政府会计监管的运行机理。苏塔特·麦克利（Sutart Mcleay，1999）设计了监管体系的框架，探讨了政府在推动会计监管中的作用。弗思（Firth，2006）、王（Wang，2010）和卡托（Kato，2009）等提出加强政府会计监管对公司治理和业绩有正面影响。皮特·泰勒和苏塔尔图·蒂尔西（Peter Taylor & Sutartu Tircy，1986）就政府会计监管目标、法律框架、经济后果、会计信息披露等进行研究，认为由于监管职能不清晰、监管机构分散，政府会计监管难以用整体视野来预见未来的系统性风险。郭道扬（2013）认为会计制度具有稳定社会经济秩序、维护经济活动公平、公正、健康发展的功能，政府有责任监管会计制度，维护各利益相关者的合法权益。

1.2.2 关于政府会计监管的模式

西方学者从利益分配的角度提出政府会计监管是保护共同利益、克服“搭便车”的重要手段（Jean. Tirole，1999）。罗飞（2001）和威廉·艾斯（Willian S.，2006）认为由于委托和受托双方存在信息不对称，经营者更易于操纵会计信息，导致会计信息披露与国际财务报告准则要求严重不符。会计信息监督是整个监督体系的重中之重，政府应从信息角度设计会计监督的模式。同时，政府应加强对经营者的监督，建立会计控制制度，以减少舞弊行为的发生（Tom Lee，1999）。会计立法和管制是高质量财务报告的基础，设立高效权威的监管机构有助于协调各监管主体执行监管政策，保证利益公平分配（K Ueda & F Valencia，2014）。谢德仁（2002）和刘端（2005）在分析自我管制、政府管制和独立管制三种模式的基础上提出独立管制模式是理性选择，但应结合国情，降低管制成本和提高管制效率，监督效果的好坏取决于制度安排的均衡及参与人的行为。王竹泉（2003）建立了利益相关者财务披露监管的博弈分析模型，提出按不同偏好对利益相关者进行分类，实行分工监督。李心合（2007）认为监管模式应在重视公司环境变化的前提下，从财务报告导向转变为价值创造导向，从管理学的角度优化政府会计监督模式。樊行健（2011）提出通过风险导向改善监督的效果并建立监督新模式。江龙（2016）和李建发（2015）认为政府会计监管应有前瞻性和新常态特征，从改善公共管理、提高政府绩效等角度予以重构。

1.2.3 关于提高政府会计监督效果的对策

S. 哲夫（S. Zeff，1995）认为在全面监管财务制度背景下，政府与私人部门对会计准则制定的合作是监管体制的首要因素。政府监管有助于弥补会计市场失灵（Edward & Glaese，2001）。普雷斯曼（Pressman，1998）、格劳恩和斯特里特（Glaum & Street，2003）提出会计欺诈的实质是政府监管的有效性问题，吴联生（2003）运用简单模型分析了政府处罚力度对经营者和会计人员违背会计准则的作用。会计欺诈存在巨大收益，对欺诈的惩罚小于收益，监管有待实质提高，否则很难扼制欺诈现象。李明辉、曲晓辉（2005）用问卷的形式调查公众对虚假会计信息的看法，认为缺少对主要利益相关者的控制、政府会计监管部门对会计信息造假行为处罚较轻、缺乏有效的社会监督是主要原因。卡普兰（Kaplan，2011）指出，政府的监管较多地放在会计的具体内容，如会计信息与资本市场、投资行为等，但对会计信息自身的形成过程缺少监督，这种宽松和微观层面的监管影响了会计信息的全面性（Richard G. Sloan，2001）。刘玉廷（2010）提出会计目标与监管目标的差异导致会计制度与会计监管政策出现分离，政府应加强两者的协调与衔接。贾广霞（2015）提出政府会计监管主体不明确、功能交叉，应寻找政府监管的关键点，以提高会计监管的绩效。

1.2.4 简要述评

由上可见，国内外相关研究已取得大量成果，为本书奠定良好基础。但基于国家治理的特定背景，尚存一定局限：第一，现有文献以治理会计舞弊为监管动力，以会计信息质量为研究对象，围绕政府会计监管的内涵、模式、策略等进行分析，但基于新型国家治理模式的政府会计监管基础理论研究很少，对政府会计监管的动态评价、治理运行体系等鲜有论述。第二，现有文献较多研究单个情景要素下（控制、执行等单一环节）会计行为和会计信息的监管，是一种静态监管，对政府会计监管的动态性、多主体协同性和效率等没有深入的探究。政府会计监管不仅为会计信息服务，也是国家治理体系的重要组成部分，本书以国家治理理论为基础，研究利益相关者参与会计监管的多元共治，改进政府会计监管的理念方法，建立政府会计监管的治理运行体系及绩效动态评价体系，最终实现经济领域善治，社会公共利益最大化。

1.3 研究对象和研究内容

1.3.1 研究对象

本书以政府会计监管的现状调查和文献分析为切入点，总结政府会计监管存在的问题，将国家治理理论和公共产品理论引入到政府会计监管中，从政府会计监管的治理主体及内在联系开始，分析利益相关者在政府会计监管中的博弈选择与多元共治，并以指数形式建立动态评价体系，分析科技驱动下的政府会计监管发展，在此基础上构建多主体协同的全过程治理运行系统，通过良性互动、持续优化，实现有效监管和多元共治、依法善治。

1.3.2 研究内容

1. 我国政府会计监管的现状及问题剖析

运用实地调研、问卷调查等方法研究我国政府会计监管中“会计治理能力较弱”“不适应新会计环境变化”“制度设计僵化”“监管存在空白”“社会关注度低”等问题和现状，并对国内外相关文献进行收集和分析，从而明确本书研究的理论目标。

2. 国家治理与政府会计监管的基础理论分析

基于国家治理理论，从协同、整体的视角界定政府会计监管的内容、范围、程序等基本内涵；依据制度经济学的原理，分析会计监管制度在国家治理中的地位、作用以及监管有效性的判断；运用利益相关者理论，探究政府会计监管行为在会计与政治之间的微妙平衡、政府会计监管与国家治理的内在逻辑关系及理论依据。

3. 国家治理框架下政府会计监管目标、职能定位

会计活动是国家治理的内容，国家治理的需求决定了政府会计监管的产生，国家治理的发展决定了政府会计监管的优化，国家治理的目标决定了政府会计监管的方向。随着国家治理的深化，政府会计监管被赋予新的目标、新的含义、新的手段。政府会计监管需要主动适应国家治理模式的变化，从协同、整体的视角重新界定政府会计监管的目标、职能等基本内涵；分析会计监管制度在国家治理中的作用和效率；探究政府会计监管行为在经济与政治之间的微妙平衡、政府会计监管与国家治理的内在逻辑关系。

4. 多元共治：利益相关者集体选择与政府最优监管模式

国家治理注重建立多主体参与下的伙伴关系，最大限度地增进公共利益，满足社会公共需求，真正地实现善治。本部分在分析“治理主体是谁”“治理主体之间关系”的基础上，研究政府、股东、债权人、社会公众等利益相关者在政府会计监管中的行为偏好、博弈妥协、集体选择等，设计具有政治性和经济性的政府会计监管原则，揭示政府会计监管对维护经济利益公平、公正、均衡分配的贡献。通过研究利益相关者的会计监管参与度，明确政府与市场、政府与社会权力的边界范围，从多元共治的角度提出政府最优监管即相对均衡模型。

5. 国家治理结构下的政府会计监管动态评价、科技融入与监管指数构建

国家治理不是控制，而是协调；不是静态的制度，而是持续的互动。本部分把政府会计监管看作宏观经济治理的一部分，研究政府会计监管的持续优化，提出政府会计监管运行体系是具有政治性和经济性的循环辩证系统。结合新的科学技术，构建治理、科技二维度的会计监管模式，以此为基础建立政府会计监管的动态绩效评价体系和指数。会计信息质量综合评价指数是多元主体参与、多维度建立的评价体系，对企业、行政事业单位等的会计信息和会计行为进行科学、公正、合理的量化判断，将评价结果以指数的形式公布，为各个利益相关者提供决策依据，同时引导被监督单位主动规范自己的会计活动，进而对整个会计监管领域进行实时、持续监管，实现政府会计监管的持续优化。

6. 我国政府会计监管完善和优化的政策建议

在上述研究的基础上，借鉴美、英、德等西方国家的会计监管经验，树立国家治理视角下的大会计监督观，提出明确国家治理框架下政府会计监管目标和职能定位，构建新型政府为主导的会计监督体系，完善政府会计监管法治体系环境建设，加强政府监管部门协调，提高利益相关者参与度、多主体协同监督，构建政府主导的会计监管绩效动态评价体系，提升政府会计监管改革中的科技治理能力等政策建议，探讨今后我国政府会计监管改革的方向。

1.4 研究思路

1.4.1 主要目标

第一，在确保会计信息质量、优化资本市场配置的前提下，充分发挥政府会计监管对国家治理的贡献，提高政府的会计监管能力。

第二，提高利益相关者对会计监管的参与度，实现多元共治，建立绩效动态评价体系、发布监管指数，使政府会计监管适应新的会计治理环境。

第三，构建适应国家经济发展和社会治理需要的政府会计监管运行体系，实现科技驱动与创新监管模式的政府会计监管持续优化，推动政府会计监管改革，并提出相关政策建议。

1.4.2 基本思路

本书遵循“发现问题、分析问题、解决问题”的基本思路：首先，系统回顾并评述国内外文献，剖析我国政府会计监管的现状和问题，确定本书的研究内容和目标。其次，搭建理论框架，分析动态管理理论、国家治理理论、公共产品理论、利益相关者理论与会计监管的内在联系，并据此设计政府主导的会计监管目标等内涵，从协同治理的角度提出政府最优监管模式。最后，构建政府会计监管的绩效评价指数，并就政府会计监管优化和制度完善提出政策建议（见图1-1）。

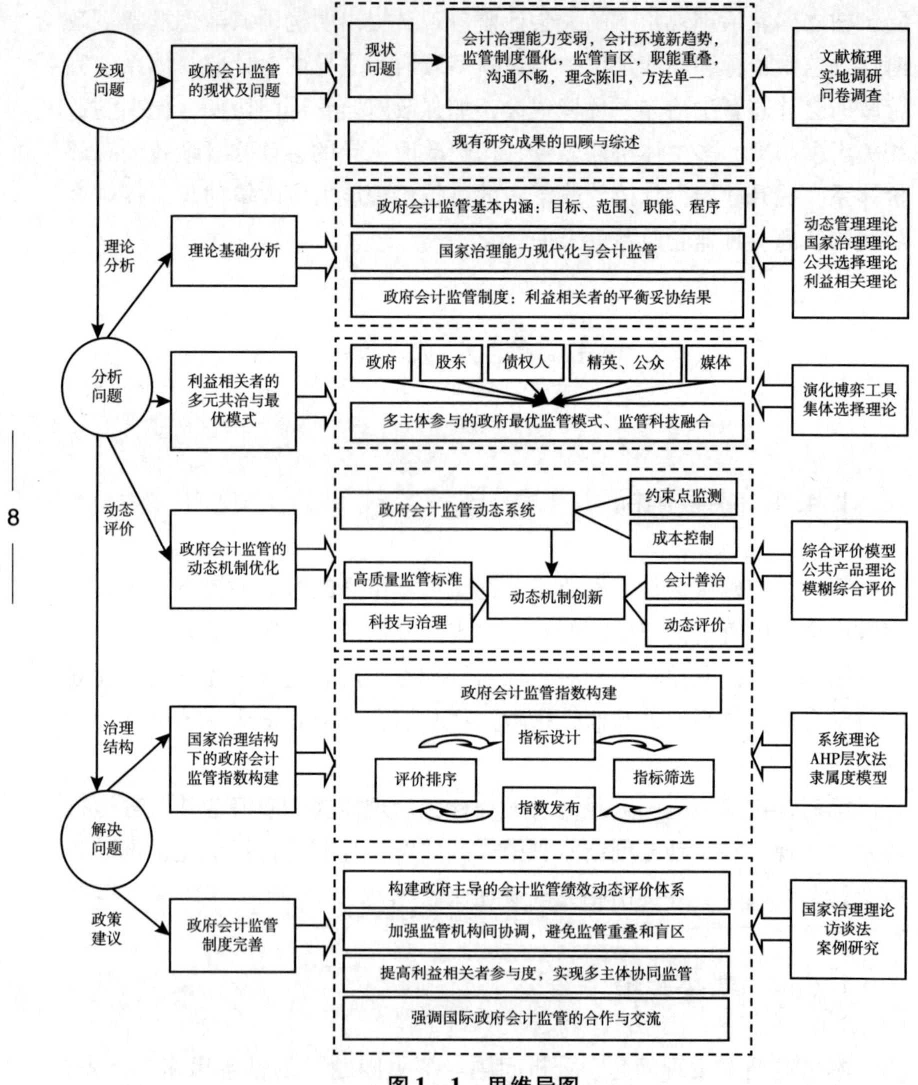

图1-1 思维导图

资料来源：由笔者整理绘制。

1.5 研究重点、研究难点和研究方法

1.5.1 研究重点

1. 建立政府会计监管的动态绩效评价指数

运用动态绩效评价系统定期发布政府对上市公司、国有企业等的会计监管指数，加大政府监管的权威指导性和威慑力，维护经济秩序、提升会计信息质量和政府监管能力，这是本书的研究重点。

2. 构建国家治理结构下的政府会计监管动态运行体系

基于我国会计环境的新变化、会计治理的日益复杂以及会计信息质量的要求，根据国家治理结构的有机统一、相互协调、整体互动的特点，在研究政府与其他利益相关者在会计监管中的博弈选择基础上，从多元共治、依法善治的角度构建实时、动态的监管治理运行体系。

3. 提出我国政府会计监管优化和制度完善的政策建议

针对我国政府会计监管的现状及存在的问题，树立国家治理视角下的大会计监督观，提出会计监管优化与制度完善的政策建议，进一步探讨我国的政府会计监管改革。

1.5.2 研究难点

第一，政府会计监管的动态绩效评价影响因素较多、评价模型多样，对政府会计监管目标和影响因素的判断和筛选、对评价体系的设计方案有待数据的支持和检验。

第二，政府最优会计监管模式并非杜绝全部会计欺诈行为，政府如何把握治理主体的干预程度、政府最优监管模式中最优监管点的选择及相对均衡值的确定是课题研究的难点。

第三，分析科技驱动下的创新监管模式，研究会计科技监管的二维度：科技与会计的融合，科技维度中的大数据、云计算、人工智能、区块链等技术构建科技驱动型政府会计监管系统的可能性和未来发展方向

进一步探索。

1.5.3 研究方法

第一，通过文献梳理和实地调研的方法，研究我国政府会计监管的现状，探寻会计监管存在的问题及产生原因。

第二，运用 AHP 层次分析法和隶属度函数，结合模糊综合评价理论，建立政府会计监管的绩效动态评价体系，为后续研究提供数据支持。

第三，借助动态过程模型和演化博弈工具，分析利益相关者的行为偏好和政府的主导作用，揭示会计监管制度的政治性和经济性，提出政策建议。

1.6 创新之处

1.6.1 研究视角的创新

本书从国家治理视角入手，提出政府会计监管问题，分析政府会计监管在国家治理中的地位、作用以及监管有效性的判断；探究政府会计监管对国家治理内在的逻辑框架及关系，讨论政府会计监管行为发挥的平衡机制，提升政府会计监管服务实体经济的能力，确保会计信息质量，提高资源配置效率。

1.6.2 学术观点的创新

1. 提出建立政府会计监管动态绩效评价指数

以指数形式定期发布政府监督结论，使各利益相关者及时了解企业的经济活动并可前后进行比较，提高政府会计监管的权威性和影响力。

2. 提出政府最优监管模式

在新的会计环境下，利益相关者的行为偏好直接影响会计监管的效果，本书提出应提高利益相关者在会计监管中的参与度，实现多元共治，从协同治理的角度提出政府最优监管模式，认为政府最优会计监管是相对均衡的监管，并非杜绝所有会计欺诈行为，而是将其控制在一定范围之内的监管。

3. 重新界定国家治理框架下政府会计监管的目标、职能及机制优化方向

政府会计监管是国家治理体系的重要组成部分，本书对政府会计监管理论和实践存在的问题和局限进行分析，从会计监管的目标转变、体系优化和机制创新三个方面论证了国家治理框架下政府的会计监管体系重构。提出政府会计监管应以增进公共利益、维护公共秩序为目标，通过利益相关者的多元共治、协同合作促使体系优化，构建政府会计监管的科技维度和治理维度的二维度监管科技模式，建立以善治为导向的动态综合评价指数并定期发布的执行机制，引导和规范会计行为，提升政府的会计治理能力和服务实体经济，最终实现政府会计监管的多元共治、依法善治。

第2章 基本概念与理论

2.1 基本概念

2.1.1 政府会计监管

1. 政府会计监管的背景

从人类社会的经济发展历史来看，市场经济建设的完善程度标志着一个国家的经济发展状况，市场作为信息交流和资源配置的承载体，是一个国家经济稳定发展的必要条件。20世纪以来，世界范围内的会计造假、财务舞弊事件层出不穷，例如美国南方保健公司会计造假事件、被称为“世界第二大会计造假之王”的世界通信公司资产虚增事件、能源巨头安然公司虚报盈余事件等。国内的会计信息造假案件也是屡屡发生：创造“中国股市神话”的“琼民源”利用关联交易等手段虚增利润事件、银广夏公司虚构巨额利润事件等。会计信息失真、财务舞弊一直是历史性、国际性的问题，上述案例暴露了当前会计监管制度的不足，投资者由于财务造假损失惨痛，政府和社会公众对会计信息和资本市场失去了信心和信任，既给政府机构带来压力，也给会计监管部门带来重要和急需解决的问题。会计信息市场失灵导致市场效率低下、广大投资者对会计信息和资本市场的不信任，这会极大地破坏市场秩序和社会秩序，从而阻碍经济发展。伴随着国内外会计造假案件的频频发生，对上市公司会计活动的监管理念、监管制度、措施和技术等都提出了新的要求。我国在借鉴分析国际的监管模式和监管制度的同时，也要考虑到本国国情包括经济发展情况、文化风俗和法律等因素，以期探索一种具有中国特色的政府会计监管机制和模式。

2. 政府会计监管的必要性

由于会计信息的提供者是企业，因此会计信息的供给具有垄断的特点，企业会出于各种目的，最大可能地利用会计信息的这种垄断性进行财务造假的行为，市场中大量的会计信息失真会导致资本市场效率低下，无法实现帕累托最优，出现市场失灵①。

会计信息作为一种公共产品，具有使用的非竞争性和收益的非排他性。使用的非竞争性是指当会计信息披露以后，每增加一个会计信息的使用者都不会减少另一个体对他的消费和获得的利益；非排他性是指全体社会成员都可使用任何公司向社会公布的所有会计信息，也无须向他人付出费用。企业作为会计信息的提供者承担了提供信息的生产成本和潜在的机会成本，生产成本相对来说是固定的，但是当会计信息披露以后，对那些不付成本就可使用信息的企业竞争者来说增加了企业的潜在机会成本。当企业发布会计信息后，由于会计信息的外部性特点，会给投资者、竞争者产生正的或负的外部效应，企业自身则处于一种被动状态，对企业来说付出成本的同时还要承担与成本不匹配的风险，处于企业的会计信息供给不足与会计信息使用者对会计信息极度渴望的两难境地，导致会计信息生产不足，极易引发资本市场失灵的现象。

同时，会计信息具有不对称的属性。经营权和所有权分离导致的委托代理出现问题：所有者负责提供资金、设备等资源，希望公司股东利益最大化；经营者负责企业的经营运作，掌握管理企业的一手资料，希望自己有高的薪酬、舒适的工作环境、光明的职业前景等。当两者利益目标不一致、造假收益远远大于成本时，容易产生道德风险和逆向选择的现象，此时会损害投资者、股东利益，扰乱市场秩序。

会计信息的垄断性、公共产品性、外部性和不对称性的客观存在，使资本市场存在先天性的缺陷，而且通过自身的调节无法产出最佳数量，无法实现帕累托最优，需要政府适当的管制来纠正资本市场

① 市场失灵是指市场机制的决定性作用未能充分发挥，有限的资源未能实现最优的配置。即市场无法有效率地分配商品和劳务的情况，倘若市场不能发挥自身的有效作用，那么便视为市场失灵。

失灵。会计信息的经济后果性代表了各利益相关者之间的利益关系，相对于其他机构来说，政府具有自己的优势，即独立性和权威性，政府对资本市场的管制有利于弥补市场缺陷、控制会计信息的经济后果。

会计是资源配置的引导员、资本市场的核心要素，因此应运用监管之力提高会计信息质量，牵引资本市场健康规范发展。由于会计治理环境的变化以及现有政府会计监管的效率较低、方法单一、制度盲区等问题使加快政府会计监管改革成为必然。政府会计监管是一个国家经济健康发展、市场秩序有序进行、企业正常运转、会计人员素质提高的必要条件，企业发布会计信息后，国家要据此制定经济政策，投资者要据此分析和决策，管理者据此经营和管理，合理有效的政府会计监管保证了会计信息的真实有效，促进资源有效配置，进一步促进市场经济的发展和维护各投资者的利益。

3. 政府会计监管的概念

在我国，“会计监管”一词最早在20世纪90年代后期被提出。伴随着国内外证券市场会计造假、财务舞弊案件（如美国南方保健公司、世界通信、安然事件；国内琼民源、银广夏、红光实业等）的发生，虚假会计信息陈述给投资者、证券市场造成了巨大损失，引起了学者对会计监管研究的关注。

夏冬林和刘峰（1995）最早认为会计管制是政府从宏观利益出发，运用一定的方式对企业的计量、确认、报告等会计行为直接或间接地干预，来实现既定的目的。张俊民（2000）认为会计监管是通过对会计进行检查、监督、控制的方法和手段来实现对企业各种经济活动的监督管理。徐经长（2002）认为会计监管是政府机构和社会组织以相关的法律规章、会计准则等为依据对证券市场中企业的会计行为进行干预和管制，以改善会计信息披露的问题。季小琴（2006）对会计监管的定义进行了综述和引申，认为会计监管是以债权人、投资者、政府、会计师事务所等企业的利益相关者为主体，以保证会计信息质量、维护利益相关者利益为目标，基于准则对企业经济活动和会计行为进行的监督管理。阎达五、支晓强（2003）的观点是将会计监管分为会计监控和会计管制，即内部监督和外部监督。前者是微观层面上会计对企业内部经济活动真实性的监控，是由会计对某个单位组织的监督；后者是宏观层面上国家、行业、社会对企业会计行为的管制，具体包括会计信息的披露是否及时、全面、真实，会计处理方法运用是否正确、合规，会计人员的资格、业务水平等。政府对会计的监管属于外部监管。毕秀玲（2004）认为政府监管是根据公共利益目标，由政府部门通过制定规则、实施控制以及惩罚等方式对企业的经济活动进行管理和制约的活动。吴水澎等（2002）认为财会监管是政府通过立法和制定一系列与会计信息的生产、披露和审计等相关的法规性文件来强制或指导企业的会计行为。

学术界对于会计监管的定义可以概括为以下三种观点：

一是干预论。“干预论”基于管制经济学公共利益理论，持这一观点的学者认为：为了保护社会公共利益、纠正市场失灵的缺陷，需要政府的介入对市场进行监管，即政府会计监管，其定义为政府通过对会计工作的干预、管制来保证信息质量和市场的稳定发展。学者刘峰、徐径长等给出的会计监管的定义就是“干预论”，强调会计监管是政府对会计工作的一种干预。但这种观点仅仅在宏观的层面上说明了会计监管的必要性，想要取得高质量的会计信息仅靠外部的监督是不够的，若没有一个有效的内部监管机制即使有高效的外部监管也无法取得理想的效果。

二是公正论。持这一观点的学者认为：会计监管不仅仅是对会计工作的干预，在经营权和所有权分离以及信息不对称的情况下，会计监管就成为降低信息不对称的有效方式，对企业的会计工作进行核查和监督，防止会计信息造假，发挥会计监管的公平、公正属性。现实生活中的公平公正实际是各个利益相关者都满意且社会收益最大、群体最和谐安定的状态。

三是博弈论。持这一观点的学者认为：会计信息具有一定的经济后果，反映的财务数据代表的是背后各个利益相关者之间的财富分配和经济利益关系。会计信息的形成并不是简单的制定过程而是各利益相关者相互博弈的过程，最终形成的会计信息是经过讨价还价、协调兼顾了各个利益相关者的最终结果。他们认为会计监管并不是简单的“干预”和“公正”，更主要的是为了弥补竞争市场的先天缺陷：即私人利益与群体利益无法自主实现最优匹配，进而设计出让各方利益群体满意的制度。

4. 政府会计监管的内容

政府会计监管的内容是指政府会计监管所发生作用的对象，包括政府会计监管所要处理的会计问题和将要发挥作用的承受者（目标团体）两个方面。政府会计监管最基本的特征就是充当人们处理会计问题、进行分配和调整社会经济领域关系特别是利益关系的工具或手段。

（1）会计问题。

会计问题是一种客观存在的现实，同时也是人们主观世界的产物，会计问题不断被人们感知、觉察，是价值、规范和利益冲突引起的，需要加以解决的经济领域的问题。会计问题是指实际条件与应有条件之间的偏差，或者是现实状态与社会期望状态之间的差距，而这种偏差或差距往往会导致社会中各个利益相关者对社会经济状态的紧张，同时必须牵涉到较为广泛的社会关系。当社会上的各个会计主体对某些经济学为表示焦虑和不满、提出一定的主张、采取一定的行动时，那就表明已经发生了问题。

政府会计监管的主导作用就在于有效地解决经济领域所面临的诸多会计问题，所以会计问题的客观存在被认为是会计监督动态周期过程的起点。政府作为社会的公共权力机构，主要针对会计问题进行会计的决策即会计准则的制定。

如果某个会计问题只涉及个别人或少数人的利益，往往不能形成社会焦点，也难以引起人们的普遍重视，因而一般构不成会计问题。会计问题往往不是突然发生的，而是逐渐形成的，它有一个从小到大、从潜到显、从一般到突出、从小范围到大范围的变化过程。任何一个会计问题都不是孤立存在的，它往往是整个社会问题系统中的一个有机组成部分。一个小范围的会计问题往往是一个更大范围的社会问题的局部，因此，使用宏观经济政策的理论和方法分析会计问题是可行的。不同范围、领域、层次的会计问题存在着相互联系、相互制约的辩证统一关系。

（2）目标团体。

从人的角度看，政府会计监管所发生作用的对象是社会成员，这些受规范、制约的社会成员被称为目标团体。政府会计监管解决的会计问题各异，所以它们发生作用的范围不同。尽管会计准则的目标各异，但对有限资源的再次分配的作用是毋庸置疑的，即对经济行为的规范指导以及对利益的分配调节。这些受政府会计监管影响的和制约的社会成员被称为目标群体即政府会计监管客体。

政府会计监管所要调整或规范的是人的行为以及人与人之间的关系尤其是利益关系。它们鼓励人们去从事某些经济活动，而禁止人们去从事另一些经济活动，并引导目标团体朝向政府所期望的目标前进。人们在经济生产和活动中存在着各式各样的、错综复杂的经济关系，社会成员及其形成的利益团体在其中所处的地位不同，社会分工不同，因而必定产生各种不同层次、不同性质的利益要求。这些利益和要求相互影响、交流、撞击，就形成了各种利益关系。

目标群体对会计监管的态度即合作与否至关重要。目标群体对会计准则认可，那么政府会计监管的执行就容易，会计目标就能顺利实现，目标群体对会计准则不认可，那么就会出现相反的结果。因此，政府会计监管并不完全取决于会计监管的主体，对会计运行效果的评估中，衡量政府会计监管的有效性的指标体系中目标群体对会计监管的遵从程度是一个重要的评估指标。接受与不接受以及弃权是目标群体的态度表达的形式。接受可划为完全接受、部分接受，又可分为积极接受、消极接受；不接受可分为完全不接受、部分不接受以及积极不接受、消极不接受。从公共管理领域的激励理论来分析，实施某项政府会计监管使目标群体获得一定的利益，那么它相对就容易被政府会计监管客体接受；反之，如果被目标群体视为对其利益的侵害和剥夺，那么它就难以得到目标群体的认可。

5. 政府会计监管模式

在长期的经济发展中，政府会计监管模式的实践和理论也得到了不断地发展和完善，结合各国不同的国情和经济的发展现实也出现了许多监管模式和理论方法，如政府主导型监管模式、行业自律监管模式、独立监管模式。

（1）政府主导型的监管模式。

该模式是指政府监管企业的会计行为和经济活动，包括制定会计、审计、信息披露准则，对会计信息的生产、加工、披露等作出实务规范，维护投资者利益和纠正市场失灵。民间会计职业团体辅助政府开展监管活动。采用该模式的有德国、日本、荷兰等国家。

政府主导的监管模式具有权威性和独立性的优势，会计监管有统一的法律为后盾，使会计监管市场有法可依；同时因为政府有独立于所有企业的权威地位，更能从整体利益出发，维护中小投资者的利益；政府部门能公平、公正地执法。但是政府为主导型的监管模式也有弊端：政府部门作为法律法规的制定者，权力过于集中，缺少与之抗衡的机构和组织；政府获得市场消息滞后，当市场发生变化时不能及时和灵活地应对，容易使监管法规和监管手段脱离市场，降低效率，增加成本。

（2）行业自律监管模式。

该模式主要是由会计职业团体对会计行为和经济活动进行监管，政府几乎不参与，通过民间组织机构制定会计监管准则和程序，例如注册会计师事务所制定审计准则并负责实施监管。实行该模式的国家有加拿大、澳大利亚和2002年之前的美国。

行业自律监管模式强调市场的自我管理、自我约束，因此能够充分调动市场参与者的积极性和活跃市场经济；同时这种监管模式更贴近市场、切合实际、消息灵敏、执行效率高，能对市场作出迅速的反应；由会计职业组织代替政府监管，能够减少政府的监管成本、维持市场秩序、避免会计信息失灵。但是这种监管模式也有弊端：由于会计监管规则都是会计职业组织制定的，因此缺乏一定的权威性和强制性，容易出现规则失效、市场混乱的局面；行业自律模式也会出现会计监管机构站在企业的角度考虑问题而忽略了广大中小投资者利益的现象。

（3）独立监管模式。

独立监管模式是由独立于政府和会计职业团体的民间独立机构对会计行为和经济活动进行监督管理，在监督机构中会计行业之外的人占多数，政府机构不参与监管，但可以通过管制独立监督机构进行间接监管，采用该模式的是2002年之后的美国。

该模式既避免了政府权力高度集中又维持了政府监管的权威性，同时贴近市场、反应灵敏，从整体的利益出发维护市场秩序、保证会计信息质量。资本市场存在缺陷，通过自身无法进行调节，所以需要政府的介入，以纠正资本市场失灵、优化资源配置。现在从世界范围来看许多国家都放弃了行业自律的监管模式，加大发挥政府的作用，逐渐形成一种以政府为主导、民间辅助、市场各方共同参与的监督机制。目前我国实行的是政府主导型的监管模式。由于相关的财务造假案时有发生，我国急需反思现有的政府监管机制设计的效率问题并厘清今后的改进方向和监管重点。

2.1.2　会计信息

会计信息作为决策有用信息的一种，是经由“处理和分析”取得的，企业在进行经济活动时取得的凭证只是反映经济业务的内容和编制会计信息的依据，只有会计人员按会计准则和会计制度等各项规章制度的要求加工处理后才能形成有用的会计信息。会计信息的概念可以定义为依据企业实际发生的经济活动所产生的数据，按照相关会计制度、法规、方法和程序进行加工处理，生成会计信息来反映企业的财务状况和经营成果，是企业股东、供应商、消费者、政府以及其他利益相关者判断企业的经营状况、未来发展潜力和投资决策的依据。

根据信息使用对象的不同，可以把会计信息分为财务会计信息和管理会计信息。财务会计信息是向企业外部信息使用者提供的信息，财务报告、财务报表等会计信息有助于外部信息使用者作出投资预测和决策；管理会计信息是向企业内部管理者提供的有关企业的会计信息，以帮助经营者了解企业的经营状况和企业存在的问题，采取措施，改善经营管理。根据信息提供主体的不同，会计信息可以分为会计主体形成的会计信息和监督机构形成的会计信息。由企业提供的会计信息是指企业对外发布的财务报告，它是由会计人员根据企业发生的经济业务，按照相关的准则和法律法规经过加工、处理而得到的会计信息，反映企业的财务状况和经营成果。由监督机构形成的会计信息最常见的会计师事务所、审计部门对企业审计而予以确认的会计信息。根据会计信息的形成阶段不同可将其分为初始会计信息和最终会计信息，初始会计信息是会计人员对原始凭证加工处理成为记账凭证，形成会计账簿，最终的会计信息是经由会计账簿形成的财务报表，包括资产负债表、利润表和现金流量表等，系统反映企业的经营状况。

1. 会计信息特征

（1）会计信息的垄断性。

垄断是会计信息的特点之一，会计信息的这种垄断性特点为会计信息造假带来一定程度的便利和借口。会计信息只能由企业自身提供，虽然上市公司的会计信息由注册会计师事务所进行审计并出具审计意见，但是近年来会计师事务所与企业合谋进行财务造假，出具虚假审计报告的事件屡禁不止且有愈演愈烈之势。会计师事务所未能保持独立性，究其原因是审计报告在某种程度上也有一定的垄断性。公司利用这种会计信息的垄断性，通过财务舞弊给自己带来高额的利润，会计信息失真导致了资本市场效率低下，扰乱了经济秩序。

(2）会计信息的公共性、外部性。

保罗·萨缪尔森（Paul Samuelson，1954）认为公共品是指当某些产品或服务被提供出来以后，任何人对产品和服务的消费都不会减少别人对他的消费，也不会损害别人的既得利益，具有消费的非竞争性和收益的非排他性的特点。会计信息的这一属性使得企业作为会计信息的提供者承担提供信息的成本，使用者不需要付费，可免费使用，即“搭便车”并由此获得收益。会计信息的外部性是指企业会计信息的公布会对投资者、竞争者产生有利或者不利的影响，即产生正的或负的外部性。会计信息的外部性会影响利益相关者之间的利益分配，也会导致企业披露会计信息的成本和收益不匹配，使得企业对提供高质量会计信息的热情不高，不愿意及时、充分披露企业的会计信息。见图2－1。

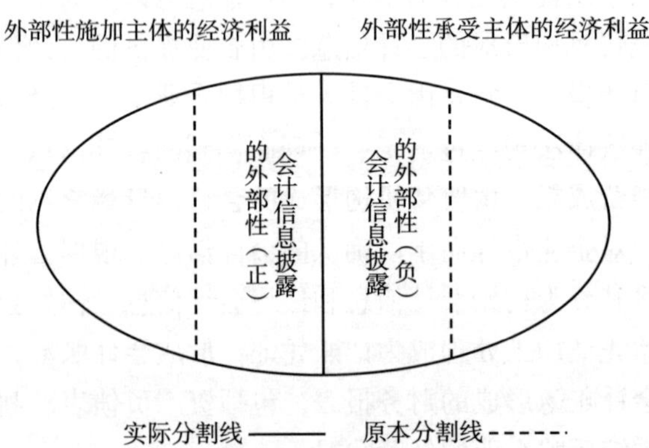

图2－1　会计信息披露外部性示意图

资料来源：王竹泉：《会计信息披露的外部性与会计信息质量——基于利益相关者的视角》，载于《当代会计研究》2008年第12期。

（3）会计信息的不对称性。

会计信息的不对称性体现在经营者和所有者之间的信息不对称[1]、大股东和小股东之间的信息不对称。在两权分离的公司治理结构下，经营者负责企业的经营，掌握企业的一手资料，所有者负责提供资金、设备等资源。所有者希望实现股票价格最大化而经营者则希望获得高额的工资薪酬、良好的工作环境、光明的职业前景等。由于两者之间的目标不同可能导致经营者借用信息优势产生道德风险和逆向选择，除此之外，大股东和经营者还可能联手利用会计信息的不对称性合谋损害小股东的应得利益。

（4）会计信息的决策有用性。

会计信息的决策有用性体现在会计信息是投资者、潜在投资者和债权人等作出合理决策和预测未来的依据，利益相关者必须掌握准确的会计信息，了解企业的经营成果和财务状况，评估和预测未来的偿债能力、营运能力，及时调整企业的发展方向。会计信息是政府部门掌握国家经济运行情况、进行经济决策和宏观调控的依据，以确保资本市场稳定发展、资源有效配置。

2. 会计信息质量

会计信息质量是会计理论界和实务界都非常关心的话题。美国财务会计准则委员会（FASB）认为会计信息质量最重要的特征是有用性，即有助于信息使用者进行各项决策。会计信息的有用性，首要是相关性和可靠性。相关性包括预测价值、反馈价值和及时性。可靠性则包括可稽核性、中立性和如实反映，其中可靠性是首要选择。琼斯和班克尔（Joans & Banhcer，2000）把财务报告质量分为两类：一类以使用者需求为导向，另一类以股东或投资者保护为导向，强调向股东或投资者提供充分和公允的有用信息。高质量的会计信息应当是描述准确、不模糊和公允透明的信息。后期，琼斯和班克尔进一步增加了“明晰性”质量标准。见图2-2。

---

① 信息不对称（asymmetric information）是指在市场条件下，利益相关者在交易过程中获得的信息不同，信息完整程度存在差异。信息不对称的现象非常普遍，在市场经济活动中，信息不对称造成了交易双方的利益失衡；掌握信息比较充分的人员，往往可以为自身谋取更大的利益而使信息贫乏的一方受到损害。因此，当前首要任务就是维护资源分配的效率。

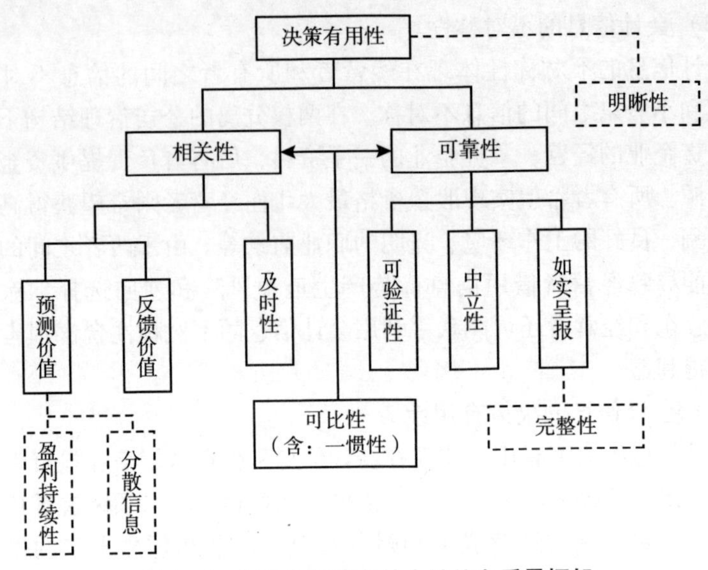

图 2－2　琼斯和班克尔的会计信息质量框架

资料来源：由笔者绘制。

会计信息质量的评估方法和标准很多，但是大多数方法只关注股东的需求，对其他利益相关者的需求重视不够①。高质量的会计信息必须关注企业所有利益相关者的利益和需求，既要提高会计信息质量，也必须发挥利益相关者在会计信息质量监管中的作用。

大部分学者对会计信息质量的内涵和外延认识并不一致。有的就会计信息本身讨论其质量特征，而没有论及其制定程序和制定方法，认为只要结果好，就是质量高。也有不少学者认为质量是过程和结果的统一，高质量会计信息是会计信息制定过程的高质量，以财务会计概念框架为制定依据，运用有效的制定程序，选择科学的制定导向。有的学者将会计信息的目标也作为判断高质量会计准则的特征，即会计信息披露后，能够满足会计信息使用者的需求，产生的经济效益要大于成本。

总之，对高质量会计信息的探讨从未停止过。实践证明，只对制定质量和目标质量进行研究并不能解决当前会计信息存在的问题，如财务舞弊、盈余管理等。因此，随着现在新理论、新方法的不断涌现，对高

① 王竹泉：《会计信息披露的外部性与会计信息质量——基于利益相关者的视角》，载于《当代会计评论》2008 年第 12 期。

质量会计信息的研究也应有所突破。

3. 会计信息失真

（1）会计信息失真的定义。

会计信息失真是指企业捏造事实、编制假表、虚增利润等披露不真实的会计信息，没有真实地反映企业经济活动、财务状况，损害了投资者利益、破坏了市场秩序。

会计信息失真分为规则性、违规性和行为性失真。规则性失真是指会计准则自身存在的缺陷与不足，这对会计准则的制定者要求很高，要求其将所有会计活动可能出现的情况都考虑在内，并要预测整体局势和未来发展方向。但是由于人的认知有限性以及社会的快速发展，难免发生失误，出现会计准则不能全部涵盖会计活动的情况。违规性失真是指捏造事实、制造假证假表、违反会计规范，故意不真实反映企业经济情况，包括通过企业虚构经济业务、伪造虚假凭证、关联方交易、调节资产、隐匿会计信息等手段调节收入、虚增利润。行为性失真是指会计人员认真执行会计准则，但是由于自身知识的局限性和对会计准则的未完全理解和掌握而出现的主观性判断错误，对经济业务使用了错误的会计方法处理而导致最终的会计信息失真。会计信息具有一定经济后果，会计信息失真会损害投资者利益，破坏经济秩序，使有限资源无法合理配置，会计信息失真的原因和治理路径也是资本市场和利益相关者极力要解决的问题。

（2）会计信息失真的原因。

一是公司治理结构不完善。虽然公司大多都设立了董事会、监事会、薪酬委员会等监督机构，但是这些机构并没有发挥应有的监督管理作用，形同虚设。一直以来董事会和管理层合谋、内部人控制现象、大股东损害小股东利益等现象层出不穷。德肖等（Dechow et al.，1996）研究发现，若企业存在董事会成员中外部董事的比例越少，或董事长、总经理两职兼任，或公司没有设立审计委员会等，该公司发生会计造假的概率就越高。刘立国和杜莹（2003）研究了公司财务舞弊和公司治理结构之间的关系，发现治理结构越简单，会计信息舞弊的可能性越大。公司监督机构成员是否具有一定的独立性、是否能发挥他们应有的监督作用是目前存在的问题，因此想要解决会计信息失真需要从根源上进一步完善公司的治理结构。

二是委托代理关系和信息不对称。由于现代企业经营权和所有权的分离极易产生信息不对称的问题，企业经营者作为受托人接受所有者的委托、履行相应的经济职责，以此获取报酬。但是由于信息不对称和两者的利益目标不同会导致经营者为了自身的利益出现逆向选择和道德风险的问题，当公司出现亏损或业绩下滑时管理者可能会为了自身的报酬、股票、职位和声誉铤而走险，通过各种手段进行财务造假，损害公司所有者的利益。经营者通过造假取得的收益自己享有，但提供的虚假会计信息给股东和公司带来的损失是由企业的所有利益相关者共同承担的。

三是外部会计监督机制不力。公司的外部监督有政府监督和社会监督。有数据显示，90%以上的被调查者认为会计监督制度不完善、监督措施不到位是造成监管不力的主要原因（唐国平等，2017）。在"三位一体"会计监督体系中，社会监督是单位内部会计监督和政府会计监督借用的一种工具，虽然有助于加强会计监督，但不应与单位内部监督和政府会计监督相提并论；《会计法》赋予政府有关部门会计监督的权力，但仅依靠政府对全社会各类组织进行会计监督是不现实的。政府监督是由财政部门、税务部门、审计部门、工商部门执行的，由于多头监管，众多政府监管部门之间缺乏配合和信息交流，责任不明确，大大降低了监督体系的效用。

四是会计人员业务水平较低。会计信息失真一般可以归为三类（吴联生，2003）：规则性失真（会计准则和制度设计存在缺陷）、违规性失真（会计人员故意造假舞弊）和行为性失真，行为性失真是指因为会计人员的业务水平不高、对会计准则的理解掌握不够而导致的主观判断失误。从上述对会计信息的分类可以看出，会计人员是会计信息的直接生产者，会计信息质量的高低取决于会计人员的知识层次、道德素养和社会责任感。

4. 提高会计信息质量的对策

会计信息质量是会计理论界和实务界共同关注的焦点，相关研究主要集中在以下几个方面：

(1) 改善公司治理结构。

会计信息质量与公司治理结构存在相关关系。虽然我国多数企业已建立现代企业制度，但相当多的公司内部并没有形成有效的监督机制。

应提高董事会和监事会的监督能力，保持专业人员的相对独立性，避免出现大股东控股、内部控制人等问题。建立公司内部的审计制度，给予审计人员审计的实权，确保审计部门的独立性。完善公司的治理结构、建立内部制衡机制对改善会计信息质量的有效性是有目共睹的。

（2）完善外部监督体系。

外部监督有政府监督和社会监督。完善政府会计监管需要财政、工商、税务、审计等部门的沟通配合。在社会监督中，要规范会计师事务所的审计活动，增加审计人员自身的风险意识、职业操守和道德素养，发挥“经济警察”的公正监督作用。加大对违法违规的会计师和会计师事务所的惩罚力度，明确民事赔偿责任。重视媒体监督和舆论影响，发挥媒体对提高会计信息质量的监督作用。建立政府监管、社会监督共同参与的监督体系，互相监督、形成合力，提高会计信息的质量。

（3）提高会计人员业务水平和道德素质。

公司内部配备高素质的会计人员，注重对会计人员的后续培训，不断地扩充和更新会计人员的知识，使其加深对会计准则的理解，提高会计人员的道德素养和职业操守，以适应时时变化更新的会计环境。

（4）加大惩罚力度，完善民事赔偿制度。

《中华人民共和国证券法》和《最高人民法院关于审理证券市场因虚假陈述引发的民事赔偿案件的若干规定》中明确了证券市场虚假陈述的民事赔偿责任，但在实际执行中并未有效发挥追偿投资者损失的作用，存在诉讼障碍多、周期长、程序烦琐等问题，导致投资者的诉讼率低、诉讼时间长、诉讼成本高、诉讼获赔金额少。因此，加大惩罚力度，提高执行效率，完善民事赔偿制度设计是保证会计信息质量的重要举措。

2.2 基本理论

2.2.1 动态管理理论

动态管理是组织在数据获取和准确分析的基础上对外部环境发生变化后的提前感知，并对组织未来的管理手段和策略进行调整和优化，同时对组织发展目标调整、完善的管理模式。组织赖以生存的环境发生变化，对应的管理目标、管理机构和机制也要有所改变，以适应这种内外部环境的瞬息万变。组织通过全方位的动态管理能够保持自己的竞争力和活力。政府作为组织的构成部分，同样适用动态管理模式，运用动态管理理念可提高政府的运行效率。

1. 政府动态管理

政府动态管理要求政府执政者要“因时而变、随事而制”，及时查找并修改因环境条件变化而不合时宜的政策与制度，以适应新的环境要求和形势发展，通过动态的管理和调整政府活动的方式方法，确保国家利益得以顺利实现①。

动态性表现在以下几个方面：一是社会目标的适应性、可持续性，即政府管理活动的长期动态执行和变革的持续发展；二是政府管理系统具有开放性的特点，系统中各个组成要素之间存在千丝万缕的联系，要素自身也是动态的，与其他要素和外界不断地进行信息、能量交换，因此政府管理也要适应环境变化；三是政策在制度阶段要赋予灵活性，这种灵活性更能应对环境变化导致的政策变化和政策代替。政府动态管理有利于提高管理绩效、降低管理成本，政府动态管理模式使政府系统高效运行，促进经济稳定增长、社会均衡有序，尤其当今世界正处于“百年未有之大变局”下，政府的动态管理在应对瞬息万变的国际形势和国内发展尤为可行。

2. 政府动态管理的框架

过去，政府普遍采用科层制②和公共企业③这两种组织形式管理政府活动。“放松管制、市场配置”的理念在20世纪70年代出现在西方国家，为政府动态管理模式奠定了理论基础，随后科层制和公共企业先后退出历史舞台。

传统的政府管理存在两大障碍：一是不能及时识别环境出现的变

---

① 梁文松、曾玉凤：《动态治理——新加坡政府的经验》，中信出版社2010年版，第105页。

② 科层制又称官僚制，由德国社会学家马克斯·韦伯提出，是指一种由训练有素的专业人员依照既定规则持续运作的行政体制。

③ 公共企业是指政府为了解决市场失灵问题，即出于向社会公众提供必不可少的公共产品和服务、解决外部效用问题、增进社会公正、调节和平衡宏观经济发展等目的建立和经营的企业。

化，二是政策和制度滞后于现实需要。20 世纪 70 年代出现的政府动态管理的基本框架包括两部分：第一，制度文化与三大能力结合形成变革模式[①]。其中，制度文化是指核心价值观（诚实、正直、自力更生、国内稳定）。在我国，符合社会主义核心价值观的前提下，政府动态管理应重视与理念、心智模式[②]的交互影响，因为理念和心智会引起制度文化的变迁，继而影响公共政策体系和管理机制，系统框架见图 2－3。

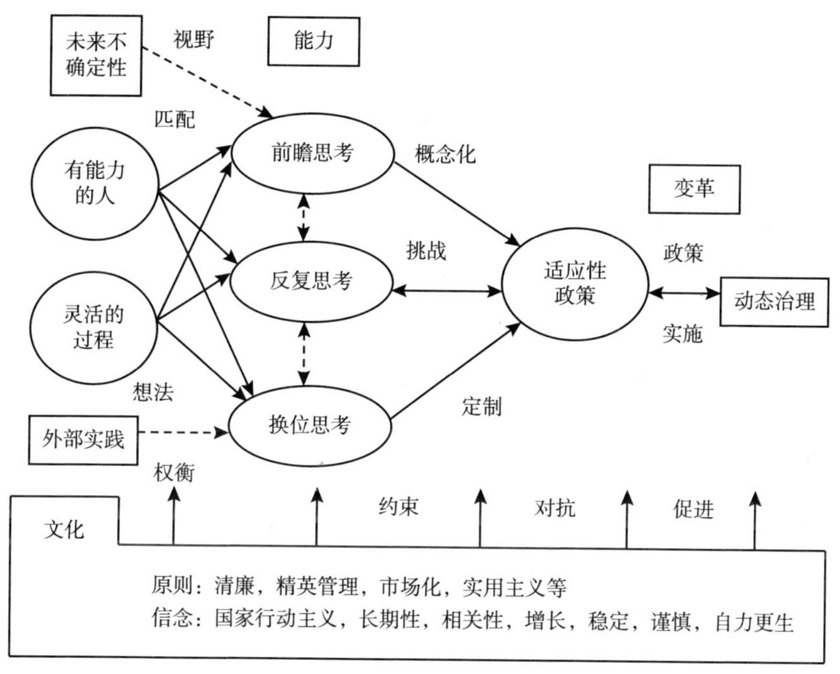

图 2－3　动态治理系统

第二，政府动态管理框架中的 3 个动态能力：换位思考、反复思考、前瞻思考，这三种能力是动态管理的研究重点。政府进行动态管理的动力是提升改革、创新认知、确保政策有效执行。因此，政府管理者

① 梁文松、曾玉凤：《动态治理——新加坡政府的经验》，中信出版社 2010 年版，第 83 页。

② 心智模式又叫心智模型，是指深植我们心中关于我们自己、别人、组织及周围世界每个层面的假设、形象和故事，并深受习惯思维、定势思维、已有知识的局限。

不仅需要有可行的愿景和切实的目标，更要有解决问题的核心能力。前瞻思考、反复思考和换位思考（见表2-1）。

表2-1　　　　政府系统的动态治理能力

动因	前瞻思考	反复思考	换位思考
路径 政策选择、实施、适应及创新	未来不确定性 远见卓识 新目标 投资 超越现状 未来至现在的意义	内部问题 事后认识 更好的质量 改进 超越过去遗产 当前至未来的绩效	外部实践 洞察力 新思想 创新 超越现有边界 外部到内部项目
过程 灵活的结构、系统	探索与预期 感知、测试 战略化 影响	理解与探究 评估、分析 重新设计 实施	搜索与研究 发现、试验 评估 定制化
人 精明领导、招聘、更新及保留	预警信号 前景构建者 挑战隐性假定 诚信的	面对现实 问题解决者 挑战当前成就 坦率的	向他人学习 知识经纪人 挑战既定模式 相关联的
原则：基于价值和理念的行动指南 目标：治理的战略紧迫性 地位：独特环境和制约因素			

3. 政府动态管理的过程

政府动态管理过程是指政府决策者在具有三大动态能力的基础上将新知识、新理念融入政府管理的政策设计和结构体系中，使制定出的政策具有较强的社会适应性和技术操作性，取得良好的政策执行效果，实现政策的既定目标，解决社会问题，满足社会需要。

动态管理中，政策执行过程是一个相互依存和相互作用的动态系统，是对政策全过程的循环反馈，即先从问题的确认到政策的制定，继而到职能部门的执行，再到社会影响的评估，最后循环到下一个问题的确认。政府动态管理的过程见图2-4。

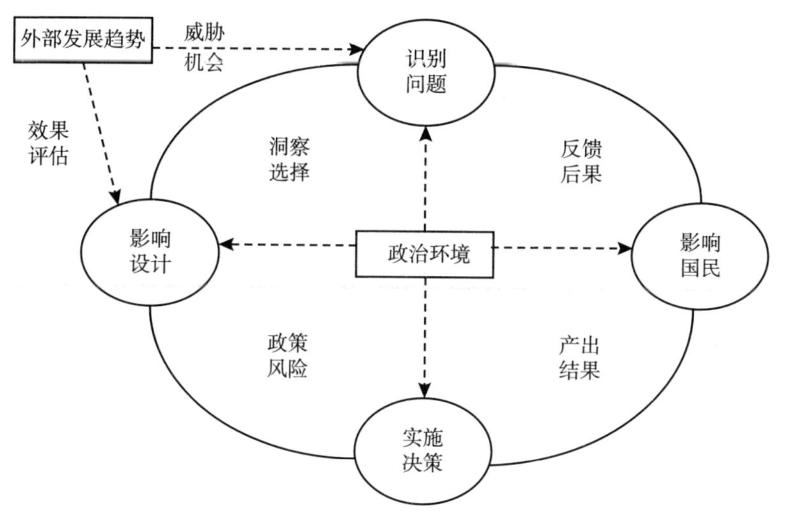

图 2-4　政府动态管理的过程

2.2.2　利益相关者理论

传统的观点认为，企业的宗旨是所有者、经营者必须围绕“股东利润最大化”的原则进行经营，董事会和经营者都要特殊照顾股东的利益要求，对股东负责任，企业的会计人员作为企业的内部人员也必须以股东的利益为目标，服务于企业，这就是“股权至上”① 的理论。但是在 20 世纪末，西方国家发生了很多上市公司恶意收购的案件，引起了人们对“股权至上”理论的反思。公司进行收购的目标原本是维护股东的利益，但在收购完成后完全不顾他人的利益和诉求，解雇员工、更换管理层、关闭部门等，这些做法一定程度上损害了经理人、员工、客户等的利益，在社会中产生了许多负面影响，引起了人们对股东的不满。利益相关者理论使企业更加关注公司的长期发展和各方利益的诉求，更体现人本管理主义的思想，有助于经济更加迅速发展。

在以上的社会经济背景下，“利益相关者”理论应运而生。20 世纪

① 股权至上又被称为股东利益最大化，追求股东利益最大化是企业经营管理活动的责任和目标。股权至上强调股东利益，对其他利益相关者的利益关注不多，认为其他利益相关者只是以获得报酬利润为目的。在现代企业中，股权至上不利于处理好不同利益相关者之间的雇佣关系和经济利润分配关系，受到越来越多的社会抨击。

60 年代，利益相关者理论由斯坦福大学研究所提出，80 年代以后迅速发展并逐渐替代了“股权至上”，成为企业履行社会责任和公司治理的重要指导理论。弗里曼在《战略管理：利益相关者方法》（1984）中提出：利益相关者是指那些能够对组织目标或组织目标在实现过程中产生影响的组织或个人。自此，利益相关者理论被引入了战略管理的主流。1990 年美国通过《宾夕法尼亚州 1310 法案》，佐证了利益相关者理论已经成为企业或社会的主旋律。1997 年，美国学者米切尔（Mitchell）提出了根据属性来确定利益相关者的方法，他认为企业的利益相关者可以分为三类：确定型、预期型和潜在型。2006 年，利益相关者理论被奥兰德应用于企业管理的实践中，此后，有更多的学者开始关注利益相关者理论。

麦克尼尔（1994）提出的关系契约论认为，企业本身是由一组契约关系组成的，契约的签订者就是相关的利益相关者，企业的利益相关者不仅仅是股东、债权人，还包括客户、供应商、政府、员工、潜在投资者等，这些利益相互关联的主体构成了利益相关者。从利益相关者理论提出至今，许多不同的学者对利益相关者给出很多定义，与传统的股权至上理论相比，利益相关者理论的核心思想认为企业是受多种社会和市场因素影响的组织，在签订契约的过程中形成了众多的利益相关者，由于利益相关者的积极参与和建言献策，帮助企业迅速发展，实质上反映了各利益相关者之间的利益关系。

因此，如何实现利益相关者的群体利益最大化成为企业追求的目标，改变了过去股东利益最大化的目标，这些利益相关者包括：股东、债权人、政府、新闻媒体、员工、消费者、社会公众等，他们在企业的发展中投入一定的资本、人力等资源，承担企业出现的风险，重视利益相关者的诉求。

从已有的文献来看，利益相关者理论的理论基础是契约理论和产权理论，在与股权至上理论争辩的过程中，弗里曼和伊万（Freeman & Evan，1990），布莱尔等（1999）将契约理论和产权理论重新作出解释并把契约理论和产权理论当作利益相关者理论的理论源泉。契约中各利益相关者都投入了不同的资源并且规定了各自的权利和义务，使得各个利益群体各司其职，通过平等谈判保证契约的公平性和公正性，确保每个利益相关者得到应有的报酬。从这个角度出发，弗里曼和伊万等人将契约理论转为利益相关者理论的基础。

利益相关者理论的支持者认为产权理论作为股权至上理论的思想基础，对产权的定义太狭隘，才得出了企业的目标是股东利益最大化，忽视了其他的利益相关者。贝克尔等认为基于多元个体视角重新定义产权的概念才更加符合实际情况。所谓多元个体理论是指包含自由意志论、功利主义和社会契约论等理论在内的产权理论，其中自由意志论是指财产所有权人可以自由地使用他们所拥有的资源，但功利主义原则又指出，财产所有权人不能为所欲为，只考虑自己，要压抑自我欲求，以满足他人利益上的要求。社会契约论强调个人和群体之间在私人财产适当分配和使用上应该相互表达和相互理解，不能只顾及一方利益而忽视其他人（Donaldson & Dunfee，1994）。从这个逻辑出发，产权理论也作为利益相关者理论的理论基础。

会计领域中，会计信息不仅反映企业的财务状况和经营成果，更重要的是协调不同利益相关者之间的利益关系，因此会计信息披露的真实性和可靠性对企业发展、资源配置乃至资本市场的有序发展都非常重要。企业是利益相关者的利益所在，是实现权力的载体，不能仅仅实现股东利润最大化的目标。如果片面单一地追求利润最大化会容易出现企业的短期行为，不利于企业的长期发展，其他利益相关者投入的精力、时间、资金等资源，可能会随着企业的升值或贬值承担相应的经营利润或风险，所以从利益相关者理论的视角分析，在企业编制、披露会计信息时，不能只考虑股东的利益，要考虑所有利益相关者的需求，并且保证信息的可靠性和真实性，这样才能促进企业的发展。以下是企业各主要利益相关者的利益诉求分析。

一是所有者。股东为公司的经营和运转投入资金、设备、原料等资源，与企业财务经营密切相关，企业通过分发股利、分红等方式回馈股东的出资，作为企业的所有者希望股东利润最大化。

二是经营者。由于所有权与经营权分离和信息不对称导致的委托代理问题成为公司治理的重要内容，管理者通过自身的知识和实践经营企业，提高公司的业绩和市场的竞争能力，管理者期望通过自身的努力工作而获得相应的薪金报酬、优良的工作环境和前途似锦的职业生涯。管理者是“经济人”，比所有者更了解企业的经营情况，掌握企业的一手信息，由于经营者和所有者两者的目标函数不同，企业运营过程中要考虑经营者的利益需求，采取激励和有效监督的方式避免出现逆向选择和道德风险。

三是员工。员工和企业之间通过签订契约形成雇佣和被雇佣的经济关系，员工通过提供劳动换取职工薪酬，希望公司能够提供一个良好的工作环境和稳定的收入。

四是政府。政府是市场正常运转、经济健康发展的保证，制定法律法规和管理服务条款，给企业营造良好安全的生产经营环境，提供充足的公共产品，如医疗、教育、交通等基础设施。政府希望企业能健康持续发展，以带动当地的经济发展、增加就业、上缴税收、履行一定的社会责任。

会计制度具有一定的经济后果性，是保障市场公平发展、经济健康运行、企业正常运转的保证与基础，也是明确责任、分割利益的依据，这就使利益相关者十分关注会计信息，尤其当相关信息不利于其利益时就可能做出信息造假的行为。因此会计信息的形成过程实质上是一个由不同利益相关者参与的博弈过程，会计信息是各利益相关者相互博弈的最终结果。

上述分析了利益相关者理论的经济和社会背景，阐述了利益相关者理论的发展历程及在学术界和管理界的应用。陈宏辉（2003）认为企业是由各利益相关者缔结而成的，应通过一系列多边契约来规范各利益相关者的责任和义务，将企业的所得、资本、利润等在利益相关者之间进行分配，进而为所有的利益相关者和社会有效地创造财富。在企业利益分割过程中，众多利益分配矛盾越来越复杂，当通过正常的途径无法取得利益时，利益主体可能会进行会计造假、编制虚假会计信息。如何化解利益主体之间的利益矛盾，对企业的正常健康经营有很大影响，因此在会计信息监管和会计准则制定中要综合考虑各方的利益。

2.2.3 公共选择理论

1. 公共产品

亚当·斯密的“守夜人”和大卫·休谟的“搭便车”思想被视为公共产品理论的古典渊源。大卫·休谟在专著《人性论》中利用“草地排水”的例子进行分析并提出了“搭便车”[①] 理论。亚当·斯密在《国富论》中对政府的职能和作用进行了准确、经典的论述。亚当·斯密认为政府这只“看得见的手”[②] 需要辅助市场这只“看不见的手”，政府应该充当“守夜人”的角色。他在详细地阐述政府职能的基础上提出政府有责任提供公共服务和建设公共设施，如国家安全、社会秩序保障、公共设施、环境保护、义务教育等这类“集体消费品”。这些公共产品必须而且只能由政府提供，原因在于人性的自私自利，普遍存在“搭便车”的心理，即每个人都不愿意多付出，都想去享受别人的劳动成果，或者人人都不愿意自己的劳动成果被其他人坐享其成，这样最终的后果是每个人都不想付出，只想索取，缺乏激励，出现需求和供给失调。上述现象反映了在追求公共利益时，个人的无助性和政府的必要性。通过政府的介入，运用税收等方式来筹集资金提供公共产品，能够调节市场的失灵，解决“搭便车”的问题。亚当·斯密和大卫·休谟虽然力捧自由主义，但在公共产品面前也无法否认政府的作用，承认政府应该提供最低限度的公共服务。

19 世纪，瓦格纳通过对美国、日本和欧洲国家公共支出情况进行分析发现，随着经济发展、社会进步，社会公众对环境治理、医疗健康、义务教育、社会秩序等公共设施和公共服务的需求不断扩大，使得政府的公共开支也相应增加，为此瓦格纳提出了“公共支出不断增长法则”，后来被人们称为“瓦格纳法则”[③]。这一法则经过许多学者的验

① “搭便车”通俗来讲就是“坐享其成”，不付出相应的成本，而享受他人带来的好处，社会成员在没有付费的前提下使用了于公共产品，即他人付费，自己免费使用此类公共产品、享受收益。就因如此，政府成为提供公共物品的主体，公共产品具有非竞争性和非排他性，任何使用者在进行消费时都不会被拒绝。公共产品的特性导致出现“搭便车”的现象。

② “看得见的手”：即政府宏观调控，也叫国家宏观调控。政府宏观调控或国家宏观调控是以政府为市场经济的主体，通过行政手段与经济手段（主要是财政手段），实现以经济主体为主导、经济主体与经济客体的对称关系为核心、经济结构平衡与经济可持续发展的经济行为。“看不见的手”：即市场经济体制——市场对资源的配置起决定性作用，意味着这是自由放任的经济发展模式，政府的作用是有限管理，不应过多干预经济，社会中的需求与供给由市场说了算，是自然选择的结果。

③ 经济学家瓦格纳在前人理论的基础上，得出了瓦格纳法则。该法则是指随着国家职能的扩大应用和国民经济的飞速发展，这些国家职能的财政支出会日益上升，换言之，国民财政支出相对规模会随着人均收入的提高而提高。瓦格纳在对西方国家分析的基础上得出结论：经济因素和政治因素是政府财政支出大幅增长的两个主要影响因素。

证，美国经济学家萨缪尔森验证了美国政府的公共支出情况基本符合"瓦格纳法则"。由于社会公众对公共产品的需求不断增长，迫使政府不断扩大公共支出的规模。不仅西方国家表现如此，发展中国家的政府公共支出也基本符合瓦格纳的"公共支出不断增长法则"，需要由政府提供的公共产品总量不断增加。

"公共产品"一词最早由林达尔（1919）在著作《公平税收》中正式提出。最著名的"林达尔均衡"思想和"林达尔价格"认为人们可以通过纳税来分担公共产品成本费用，即每个人的应纳税额与消费的公共产品效用价值匹配，以此解决公共产品费用来源的问题，促进了公共产品理论的发展和应用。有"公共产品"就有"私人产品"，很长一段时间里公共产品和私人产品的区别和特点没有明确的界定。1954 年，保罗·萨缪尔森在《公共支出的纯理论》一书中指出公共产品是"一些特定的商品或者服务，每个人消费这种商品或者服务不会导致别人对该商品或服务的消费减少"，这是首次对公共产品和私人产品较为权威和明确的区分。

布坎南（Buchanan，1965）在萨缪尔森等的研究基础上创造性地提出了"俱乐部产品"理论。所谓俱乐部产品是指一些人能消费并且可以通过收费将另外一些人排除在外的准公共产品。布坎南在"俱乐部的经济理论"中指出俱乐部成员的最优数量随着俱乐部提供的产品数量的边际收益而变化，每增加一个成员对现有成员来说，若是边际收益大于他的边际成本才接受新成员，运用成本效益的分析方法确定俱乐部成员的最优规模。萨缪尔森定义的公共产品是"纯公共产品"，布坎南定义的是介于私人物品和纯公共物品之间的"准公共产品"，布坎南的"俱乐部的经济理论"拉近了"公共产品"与现实的距离，具有较强的实用性和操作性。

美国学者马斯格雷夫（1959）首次在《财政学原理：公共经济研究》中引入"公共经济"这一概念，开拓了新的研究领域——"公共经济学"，分别在 1964 年和 1965 年出版了《公共经济学基础：国家经济理论概述》和《公共经济学》两本著作，以此为开端，经过后续学者的不断研究和完善应用，公共经济学（public economics）逐渐从现代财政学的理论体系中独立出来。

从公共产品的定义中可以看出公共产品具有非竞争性和非排他性的

特征，所谓非排他性是指当某些特定的公共产品被提供出来以后，不管人们的意愿如何都不能排除、阻止他人不付成本的消费。非竞争性是指公共产品的边际成本为零，即任意增加人数对公共产品的消费都不会影响其他人的边际效用。与非竞争性和非排他性相对的是竞争性和排他性，这是公共产品和私人产品的最大区别。按照公共产品非竞争性和非排他性的程度又可以将公共产品分为两类：一类是纯公共产品，具有非竞争性和非排他性，例如国防、空气、法律、法规等就是纯公共产品；另一类是准公共产品，即俱乐部型的准公共产品，是具有非排他性和非竞争性任一特点的服务或产品，这些准公共产品在使用中可以通过收费来排除一部分人，防止既有使用者边际效应减少、利益受到损害。在现实社会中准公共产品主要包括：自来水、有线电视、消防、公园、城市绿地等。公共产品的分类还有很多种，可以按公共产品的使用范围分为：全国性公共产品、地区性公共产品、区域性公共产品；按公共产品的提供者分为：政府提供的公共产品、市场提供的公共产品、私人提供的公共产品；按公共产品的存在形态分为：有形的公共产品（如义务教育、国防、环境保护），无形的公共产品（如法律法规等）。

教育、环保、公共设施等都作为准公共产品，在市场调节不够的情况下，也需要借助政府的有效监管才能达到最优的结果，同样会计信息作为公共产品也存在市场失灵的问题，因此政府对会计活动进行监管是很有必要的。会计信息供需缺口扩大，供给和需求不对称，一方面企业作为会计信息的提供者缺乏提供高质量会计信息的动力，另一方面虽然会计信息使用者都渴望企业提供可靠、真实的会计信息，但是由于“搭便车”的思想，人们都不想混用自己的成本去监督，让别人“搭便车”，因此缺乏监督的动力。市场机制、市场调节对此类公共产品的提供不起作用，由此出现会计信息市场失灵，此时就需要政府发挥作用，出面干预会计信息的生产和披露，减少会计信息不对称带来的损害，促使政府对会计活动进行积极有效地监管。目前政府对会计信息的监管已经取得了很大的成就，但是就会计信息作为公共产品而言，供需矛盾的解决还有待进一步提高、创新，也对政府的会计监管活动提出了更高的要求。

总之，公共产品理论是西方经济学的一个基本概念，历经二百多年的发展，已经从思想的萌芽发展成为自成体系的成熟理论。公共产品理论在解决市场失灵、缓解社会矛盾、政府监管、统筹城乡经济发展上发挥了不容忽视的作用。近年来频频发生的会计舞弊、财务造假给经济造成损失、扰乱了经济秩序，表明了会计信息对一个国家经济健康发展、市场秩序运行、企业正常经营的重要性。会计信息作为公共产品，具有非竞争性和非排他性，因此需要政府积极介入以弥补市场的缺陷，发挥“看得见的手”的政府会计监管作用。

2. 公共选择理论的定义、主题和方法，以及研究范围

把公共选择理论应用到会计监督的过程中，实际上也是经济活动与政治理论的结合。人们将会计监督看作是一种集体选择的结果，会计监督与公共选择理论之间的关系非常密切。20 世纪 70 年代兴起的公共选择理论（public choice theory）是政策研究的经济学途径的典型，它是一个运用经济学的理论假定和方法来研究非市场决策或公共决策问题的新研究领域。因此，可以把公共选择理论看作一个政策科学学派，看作政治学和经济学的交叉研究领域，实际上，它又被称为“政治的经济学”和“新政治经济学”。

（1）什么是公共选择理论。

公共选择理论有不同的名称，如“公共选择”（public choice）、“集体选择”（collective choice）、“公共选择经济学”（economics of public choice）、“新政治经济学”（new political economy）、“政治的经济学”（economics of politics）或“政治的经济理论”（economic theory of politics）等。

作为公共政策研究的经济学途径的典型，公共选择理论是在研究现实经济问题的推动下，通过对传统市场理论的批评而产生的。它成功地运用了经济学的分析方法，坚持“经济人”假设，采用个人主义的方法论，用交易的观点来看待政治过程。用奠基人布坎南（Buchanan）的话来说：“公共选择是政治上的观点，它是从经济学家的工具和方法大量应用于集体或非市场决策而产生”。① 按照另一个公共选择学者缪勒（Muller，1989）的说法，公共选择理论可以定义为非市场决策的研究，或者简单定义为将经济学运用到政治科学中；它所使用的是经济学的方法，其基本假定是经济学的“经济人”假定，即人是自利的、理性的、

① 詹姆斯·M. 布坎南：《自由、市场和国家》，北京经济学院出版社 1988 年版，第 45 页。

效用的最大化追求者①。

公共选择是研究集体决策的科学。这有两层含义：一是集体性。个人自己的决策不在考虑范围之内，但是有人群的地方集体决策就不可避免，因而公共选择成为必需的。二是规则性。决策就是指定规则，在人与人之间存在偏好差异的情况下，必须制定规则以使人们的行为协调起来。因此，人们必须进行决策以选择那些能够反映和满足一般人偏好的规则。公共选择研究的集体决策范围包括国家、政府、国防、警察、消防、教育、环境保护、财产权、分配等政治问题②。

公共选择又被定义为以经济学方法研究政治问题的科学，它把经济学的分析方法和工具用于研究集体的或非市场的政治决策过程，所以公共选择理论被认为是最名副其实的“政治经济学”。日本学者小林良彰在他的《公共选择》一书中说道，如果经济学是采用经济方法的学科，政治学是处理政治领域问题的学科，哲学是研究理想的学科，那么公共选择理论既是政治学也是经济学，又是哲学，即借公共选择理论为契机，以实现社会科学内部的结构调整③。

（2）公共选择理论的主题和方法。

作为公共政策研究的经济学途径的典型，公共选择是一个运用经济学理论的假定和方法来研究非市场决策或公共决策问题的新研究领域。用布坎南的话来说，公共选择是政治上的观点，它把经济学家的工具和方法大量用于集体或非市场决策。而穆勒将公共选择对非市场决策的分析思路归纳为：作出与一般经济学相同的行为假设（理性的、功利主义个人）；通常把偏好显示过程描述为类似于市场（选民从事交换活动、个人通过投票行为来显示他们的需求，公民自由进入或退出所在的社会群体）；提出与传统价格理论相同的问题：均衡、稳定、帕累托效率以及它们之间的达成。

政府会计监管所涉及的是经济决策的主题领域。公共选择的主题与政府会计监管的主题有共同之处：一是经济生活中公共物品的供给和需求，二是不同权力集团的交易过程中的价值分配，三是各利益相关者对政府会计监管价值取向的竞争和对政府决策的影响。

① Dennis C. Mueller. , *Public Choice*. Cambridge：Cambridge University Press，1989：1 - 2.

② 丹尼斯・穆勒：《公共选择》，商务印书馆 1992 年版，第 10 页。

③ 小林良彰：《公共选择》，经济日报出版社 1989 年版，第 154 页。

(3) 公共选择理论的研究范围。

阿兰·皮科克 (Alan Peacock, 1992) 把公共选择理论的研究范围划分为三大政治市场：初级政治市场、政策供给市场和政策执行市场。在初级政治市场上，政治家把政策卖给选民，选民则为政治家支付货币，即选票。这个市场上的供求分析构成公共选择理论的基本原理。这些原理包括分析各种不同的投票制度的结果，如一致同意的选举制度、少数服从多数的选举制度、中间投票人定理等。在政策供给市场上，官员为了实现当选政府的政策目标将提供不同的行政手段。对这些手段的供求分析构成官员经济理论、政府增长理论和政府失灵理论等。在政策执行市场上，主要分析政策执行给一些人带来的影响，如纳税人、领取福利的人、获得行业补贴和养育补贴的人、向政府供给商品的人，这些人有时会被动调整自己的行为来适应法律的要求①。

阿兰·皮科克认为，公共选择理论虽然也分析政策问题，但是它不同于主流经济学中的政策范式（见图 2-5 和图 2-6），前者主要说明政策的产生过程，后者主要解释宏观经济政策是如何运作的。二者的区别可以用下面两个图形来说明②。

第一，公共选择分析中的政策范式：

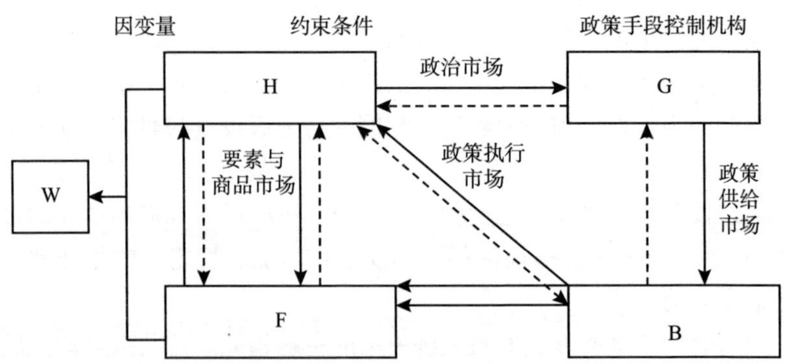

图 2-5 公共选择分析中的政策范式

注：W 为政策结果（反映在政策目标上，如通货膨胀率，就业等）；G 为政府（选票最大化者）；B 为官员（机构）（产出最大化者或预算最大化者）；H 为居民户（选民）（效用最大化者）；F 为厂商（效用最大化者）。

---

① Alan Peacock., Public Choice Analysis in Historical Perspective. Cambridge: Cambridge University Press, 1992: 13-16.

② 陈振明：《公共政策分析》，中国人民大学出版社 2009 年版，第 469~471 页。

第二，主流经济学中的政策范式：

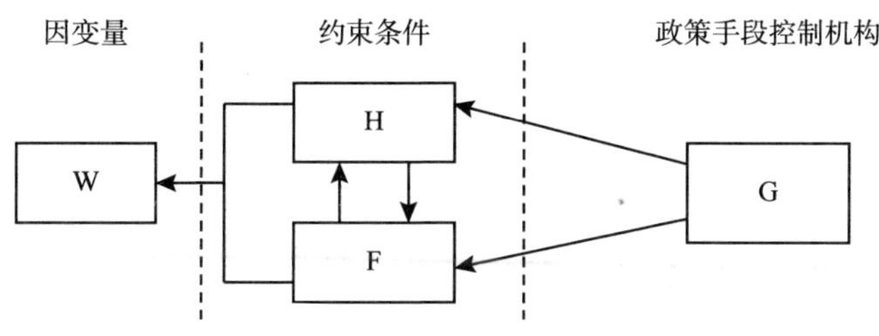

图 2－6　主流经济学中的政策范式

注：W 为"政府"的福利函数；G 为"政府"（集体福利最大化者）；F 为"厂商"（利润最大化者）；H 为"居民户"（效用最大化者）。

通过对以上两种范式的对比我们可以得出会计监督作为宏观经济政策，可以适用公共选择中的分析模型进行政府会计监管的产生和运行过程的研究。

（4）公共选择理论的研究方法。

公共选择理论主要是运用了经济学的分析方法来研究政治问题。它的研究方法归纳起来主要有以下三点：

第一，"经济人"假设。众所周知，经济学分析是建立在"经济人"假设之上的。这一假设认为，人们总是尽可能地利用自己的一切资源去获取自身效用的最大化。公共选择理论坚持经济学对人性的这一概括，把"经济人"假设扩大到人们在面临政治选择时的行为分析，认为人就是人，人并不因为占有一个经理位置或拥有一个部长头衔就会改变"人性"。进行市场决策的人和进行政治决策的人是同样的，都受自身效用最大化的引导。公共选择理论将人类在市场领域和政治领域中的行为统一起来，"把人类行为的两个重要方面重新纳入单一的模式"①。公共选择对"经济人"运用范围的拓展，使得经济学最基本的分析方法，即成本收益法，能够在政治领域得到应用，为制度分析提供了前提。

第二，个人主义的方法论。这种方法论认为人类的一切行为，不论是政治行为还是经济行为，都应从个体的角度去寻找原因，因为个体是

① 亨利·勒帕日：《美国新自由主义经济学》，北京大学出版社 1985 年版，第 123 页。

组成群体的基本细胞，个体行为的集合构成了集体行为。在公共选择理论将个人主义的分析方法带入政治学之前，传统的政治理论一直主要采用集体主义的分析方法。在考察集团行为时，传统的政治学总是把集团当作一个不可分割的有机体，从整体的角度分析政治行为与社会行为。分析国家时，又通常把国家看成代表整个社会的唯一决策单位，而且认为国家利益和公共利益高于个人利益。个人主义方法论与传统政治学的这种集体主义方法论不同。它把个人作为最基本和最后的决策者，强调一切公共行为都源自个人决策。

第三，交易政治学。公共选择理论用交易的观点看待政治过程，把政治过程看作是市场过程。只不过市场过程的交易对象是私人产品，而政治过程交易的对象是公共产品。进入政治领域的人们也有各自不同的价值观和偏好，这些价值观和偏好都应受到承认和尊重。总之，政治制度就是一个市场，在那里人们建立起契约关系，一切活动都以个人成本—收益为基础。“我们没有理由认为个体公民在选举人秘密写票室中的行为与个体消费者在超级市场中的行为有本质上的不同。”①

（5）对公共选择理论的评价。

公共选择已取得了丰富的理论及方法论成果，它的理论和方法已得到广泛的应用，尤其是自 20 世纪 80 年代后期以来，公共选择理论的应用范围已经远远超出了主流经济学和正统政治学的研究范围，几乎涉猎当代所有的社会热点问题。公共选择理论虽然是一种颇有争议的学说，在“经济人”假设和个人主义等方法论上有些走极端，且它的一些理论还有待检验和证实，但是它用经济学的分析方法来研究公共选择活动和政治行为，把经济学和政治学纳入一个统一的逻辑体系，是有积极意义的。

从群体决策的角度，政府会计监管被看作是具体博弈的结果，利用公共选择理论中对公共产品的研究成果来分析政府会计监管，能够让公共管理思想在政府会计监管中得以体现。

公共选择理论对政府会计监管研究具有合理和可借鉴之处：

第一，公共选择研究从经济学的假设、理论和方法入手来分析政治和公共决策问题，为会计监督研究提供了一个新的视野、新的研究途

① 亨利·勒帕日：《美国新自由主义经济学》，北京大学出版社 1985 年版，第 150 页。

径；其用个人主义方法论来取代作为传统主导途径的集体主义方法论，是对会计监督研究的有益补充和扩展。

第二，公共选择学者丰富了当代政策科学和政治学理论，如对非市场决策理论、政府失败论、国家与政党理论、投票规则的损益分析，扩展补充了政府会计监管的理论研究。

第三，有助于对当代西方国家会计监督过程的本质及其局限性的认识，也加深了对政府会计监管过程及其规律的认识。

2.2.4　国家治理理论

近百年来，在西方国家的社会经济发展历史中，政府与市场发挥了不同的作用，但是谁是主导、政府应不应该介入、孰轻孰重等方面仍然有很多争论，两者的弊端也在实践中交替展现。面对出现的政府失灵和市场失灵，研究学者不断寻求新的解决办法，弥补政府失灵和市场失灵的缺陷，因此在 20 世纪，治理理论在探索与实践中应运而生。

在资本主义时期，亚当·斯密提出的自由主义经济理论和政府“守夜人”的思想被西方理论界所推崇，即在自由贸易的市场环境中，企业应该自由竞争、自主经营，政府不应加以干预，政府只需要发挥保卫国家、保护公民的“守夜人”的作用即可。但是随着经济的进一步发展，人的自私自利特性展现出来，供给生产无序、剥削工人过度、市场消费不足等问题集中涌现出来，导致全球经济危机大爆发。人们意识到市场的调节机制是有限的，不能完全实现资源有效配置的任务。因此，政府开始介入经济秩序的监管，正式进入政府干预时期。凯恩斯主义、罗斯福新政都是主张政府干预，初期在政府的干预下确实缓解了社会危机和经济矛盾，但是随着政府持续和深入的全面干预和垄断，出现了政府失灵、官员腐败、部门效率低下等问题，人们开始对政府干预产生了质疑。虽然政府有独立性和权威性的特点，但与市场相比，却没有灵通的消息、灵敏的嗅觉、准确的经济控制力，使人们意识到政府也是有缺陷的。如何寻找到一种新的方法和路径既能避免市场和政府二者的缺陷又能发挥二者的优势，治理理论随之而来。新的治理理论强调治理主体的多样化、权利自下而上和自上而下的双向运转、公平、合法、协调等新的观点和做法，开启全新的治理模式。在经济全球化的背景下，国家之间的经济往来频繁、多边合作组织的建立促进了治理理论多元化的发展。同时，国内外发生的大量会计信息造假事件也显示出市场的失灵和政府监管存在较多的问题，急需解决。

"治理"（governance）一词最早由詹姆斯·马奇和约翰·奥尔森（1976）提出，在20世纪90年代进一步发展并开始应用于公共政策分析领域。世界银行在对非洲的研究报告中首次使用"治理危机"一词。世界银行认为非洲国家应该改革公共管理框架，构建"良好治理"的社会体系。从此，治理的概念被世界熟知，进而"治理"被应用于政治、经济、社会研究中。20世纪90年代，治理出现在新公共管理理论和政府改革实践中。现在"治理"一词已经被广泛应用于管理界的多个领域。

鲍勃·杰索普认为，治理不是万能的，效力也是有限的。治理机制不是灵丹妙药，有时利用治理机制应对市场失灵和国家管理失灵也会无能为力。鲍勃·杰索普还提出，治理是政府在推行新公共管理理念和政府再造中产生的，治理理论的产生和理论的实践受到方方面面的因素影响和制约，如政治因素、社会因素、经济因素及组织自身因素。治理理论的运行环境时刻处于"可治理性与灵活性""合作与竞争""成本与效率""开放与封闭""责任与权力"的约束与矛盾中。由此可见，治理体系存在风险、短板和失灵。针对这些问题，鲍勃·杰索普进一步提出了"元治理"（自组织的组织）的概念。"元治理"是谁治理，这是需要着重探讨的。鲍勃·杰索普认为，国家在治理体系中是"元治理"，元治理角色应当由国家承担，国家的治理作用应该得到市场经济和社会秩序的重视，原因是国家承担了法律机构和制度的完整、社会秩序稳定的责任。鲍勃·杰索普在论述"国家元治理"理论时，将作为"元治理"主体的国家和"独裁"的传统公共权威国家做了比较，分析了"元治理"的优缺点和可能失败的原因，提出了西方治理理论的内在困境。在"元治理"理论被社会和学者接受后，引发了更加深层次的问题：在新的治理体系中，国家充当"元治理"角色，是"治理"转向"统治"了吗？国家成为"元治理"的主体后，自身存在的失灵、风险等问题如何解决等。

"治理"与"统治"是两个不同的词，"治理"源于"统治"又高于"统治"。詹姆斯·罗西瑙（1995）在《没有政府的治理》中指出治理不同于统治。詹姆斯·罗西瑙强调，治理的主体未必一定是政府，同时在开展活动管理的过程中也不是必须依靠国家的强制力来保障实施。博克斯（2005）提出，“治理”应该是以公民为中心的一种治理结构。全球治理委员会（1995）认为治理是各种公共或私人机构或个人共同管理事务的各种方式的总和。治理有四个特征：一是治理是可以使原本有相互冲突或不同利益的群体得以协调并行动一致的持续过程；二是治理的过程不仅需要依靠法律、法规等强制性的规定，还要有能够达成共同利益目标的非正式制度；三是治理主体不仅包括政府等正式机制也包括民间非正式机制；四是治理是一个持续的互动过程。

俞可平（2000）分别从主体、权利向度、目标三个方面对治理与统治作出了区分与比较。俞可平认为，从阶级层面上来说，统治的主体只能是政府，而根据治理的内涵定义，治理的主体既可以是政府等正式机制也可以是私人部门等非正式的机制：治理的主体是多元和散开的，统治的主体是一元和独裁的；统治的权利是自上而下的单向传递，通过发号施令、制定法规政策等强制性要求使政策顺利执行。治理的过程是上下互动的过程，更多的是基于公共利益的合作、协调；治理的目标是“善治”，即以社会公共利益最大化为目标的管理过程，统治的目标是维护所代表的特定阶层的利益。

根据社会契约理论①，政府和人民的关系是一种受托关系，人民赋予国家和政府权力，政府行使是为了保障全体社会成员的公共利益。国家治理的基本目标是履行公共受托责任并尽最大可能为社会公共利益服务。在我国，现阶段的经济发展、社会管理都离不开一个强有力的政府。面对资本市场存在的缺陷，需要政府的介入。在对资本市场的管理中，政府既不能放纵市场任其自由发展，也不能过度干预，如何在两者之间找到平衡点成为政府管理层的关注重点。为更好地促进公共利益的实现和经济的发展，可以借鉴西方国家治理理论，把“治理”的作用真正运用到社会公共管理领域，实现政府、市场、社会三者之间的协调

① 社会契约理论，其主要表述是探究是否存在合法的政治权威，及时地展示出一种理想化的政治假设模型，并在全球实现了其理论诉求。社会契约论作为一种政治理论，真正严肃地改变了历史走向，它的历史意义是不可否认的。其中心思想是，法律和政治秩序是非自然的，而是由人类所创造，即推崇唯心主义，强调人民群众的重要性。人类所创造的社会契约和政治秩序仅仅是手段而已，致力于提高群众的幸福指数。

合作。国家治理理论是治理理论在国家层面的实现，国家治理的实质是政府通过运行和分配国家权力与社会组织和个人共同管理公共事务，努力为社会提供公共产品，更好地解决社会公共问题，实现公共利益最大化。会计信息作为一种公共产品，其本质属性决定了存在供需失衡、市场失灵等问题，从国家治理理论视角出发让政府介入会计信息、会计准则等的制定、执行、监督等成为大势所趋。要使会计准则、发布的会计信息、开展的会计活动等在基于市场准则、公共利益的基础上，发挥社会组织和个体的力量和作用，从而共同进行监督，提高会计信息质量、调节市场失灵、实现公共利益最大化。

总之，国家治理理论在社会公共管理领域内应用，为经济和社会发展带来了重大转型和发展契机，意味着过去传统统治的治理方式已经不适应现代民主社会。治理与统治两者之间有很大的区别，相对于统治来说治理的内涵更加丰富、更加宽泛，治理的主体偏向多元化，既包括政府等公共机构也包括私人组织等非正式的机制，强调以政府为主导，各利益相关者充分参与的治理结构，并实现政府与社会的互动、合作。在国家治理理论中，突出国家、社会、市场三者的结合，更好地挖掘国家之外的力量并运用到公共管理领域中。

国家治理理论是治理理论在国家层面的体现，作为一种新理念、新方式被社会公共领域广泛应用。国家治理理论通过调动各种力量实现资源的有效配置和社会公共利益最大化的社会体制。

2.2.5 系统理论

1. 系统思想的内涵

古希腊是西方文明的起源，现代所用的词语也有许多出自希腊文，系统一词便是如此。系统的释义中最重要的是要素、联系和整体三个词。系统具体是指各个要素通过彼此之间的相互联系组成的整体。它构成某种整体性和统一性。系统的定义是：由处于一定环境中的相互联系和相互作用的若干组成部分结合而成，并为达到整体目的而存在的集合。

系统作为一个概念，它是古代人类通过社会实践活动逐步产生的。整个自然界就是一个大的系统，人类自从有生产活动以来，就无时无刻不在与自然这个大系统发生联系。在此过程中，形成了古代农业、天文、工程、医药方面的系统知识，在不知不觉中反映出了朴素的系统思想。

系统思想在我国有着悠久的历史。在我国古代，人们不知道何为系统，但从古代人民朴素的自然观上可以看出系统思想的影子。古代人民为了发展农业，开始关注天象的变化，促进了古代朴素宇宙观的形成。他们将宇宙看成是一个整体来研究其结构和变化，研究环境的变化对农业的影响。虽然这都是古人当时通过经验总结出来的，受传统封建思想的束缚，但是这都为今后系统理论的产生奠定了思想基础。欧洲古代系统思想主要体现在世界本源的有序性和整体性，认为客观事物的存在和运动是稳定的、规则的、重复的以及相互关联的；同时，认为世界是以一个整体的形式存在的，是不可能被割裂的，而且这种整体性源于空间的连续性。19 世纪自然科学取得的伟大成就为马克思主义哲学的产生与发展提供了丰富的材料，因此，指引后人不断前进的辩证唯物主义世界观展现在人们的面前，此时的系统论则是其重要的组成部分。唯物辩证法就是将世界万物以及变化过程乃至整个世界看作是由各种各样的相互之间存在着直接或间接联系的事物和过程所形成的一个大的整体。恩格斯在《自然辩证法》中提到："宇宙是一个体系，是各种物体相互联系的总体。"系统的概念和思想虽然由来已久，但随着时间的推移学者们将其不断地深化与完善，其中在马克思和恩格斯的著作中也有阐述。"系统""有机系统""系统发展为整体性"等概念在马克思的著作中多次被提到。比如，马克思在《〈政治经济学批判〉导言》中描述了社会发展的系统形式是五种社会形态依次更替前进。马克思主义认为，经济基础、上层建筑和社会意识形态这三者共同构成了社会经济形态这一个大系统，正是由于三者之间存在的联系并且不断进行着矛盾运动才促进了整个社会的发展变化。马克思的其他著作中也包含了丰富的系统思想与方法。自此，系统思想已经变得相当成熟，为系统理论的诞生奠定了思想基础。

2. 现代系统理论的产生

系统理论诞生于 20 世纪 40 年代。当时，随着自然科学和技术的发展，人们的生产和生活方式出现了许多新的变化。由于科学技术的进步和生产力的发展，人类对改造世界的渴望与日俱增，并且能力也日渐增强。怎样将人力、物力和财力合理协调地整合在一起，使三者同时达到最优效果，成为当时人们需要思考的问题。于是，人们开始转变思维，从过去单纯地、分离地考虑问题转变为综合地、系统地考虑问题。系统理论作为一种新的科学方法和科学理论，就是在适应当时人们这些需求的基础上产生的。

（1）系统理论产生的理论前提。

系统理论产生的大的前提是辩证唯物主义和唯物辩证法的深入发展，以及现代科技理论有向整体化、综合化发展的趋势。

就如前文所说，19 世纪自然科学的进步为马克思主义的产生与发展创造了条件。例如，能量转化、细胞学说和进化论的发现，让人类认识到了自然界的万事万物都是有联系的。基于这种对事物之间、过程之间以及领域之间相互联系的认识，才有了唯物辩证法的创立与发展。辩证唯物主义认为：物质世界是由无数相互联系、相互依赖、相互制约、相互作用的事物和过程形成的统一整体，这种普遍联系及整体性思想就形成了系统论的理论前提。

恩格斯曾经说："我们就能够依靠体验自然科学本身提供的事实，以近乎系统的形式描绘出一幅自然界联系的清晰图画"[①]。整体性是现代科学理论发展的趋势，而且社会科学和自然科学的界限模糊化，两者相互渗透，加快了整个科学体系的整体化发展进程。

生物机体论是系统理论产生的直接理论前提。机械论和活力论是生物学史上一直争论不休的问题。机械论把生物学简单地归结为物理和化学两个问题，主要观点是一种原因只能产生一种结果，反过来一种结果只能由一种原因引起。而活力论则强烈地反驳机械论的观点。其认为生物机体中有一种超自然的力量——"活力"。它支配着整个生命过程。20 世纪初，新活力论的代表人物德国人杜舒里通过他的实验证明了不同的原因可能产生不同的结果。这给机械论的观点以沉重的打击。虽然活力论把支撑生物整个生命过程的力量归结为超自然的活力是不太现实的，但是它指出不能把生命现象简单地看作是机械、物理、化学过程。随着活力论的提出，把生命看成是一个有机整体的机体论也随之出现。这就是系统理论的直接理论前提。

---

① 恩格斯：《路德维希·费尔巴哈和德国古典哲学的终结》，人民出版社 1972 年版，第 36 页。

（2）现代系统理论的诞生。

著名的数理逻辑学家、哲学家英国人怀海特在 1925 年发表文章《科学与近代世界》指出自然现象的最终单位是事件，实在的本质就是“变”，它是一个不断活动和创造进化的过程①。与此同时，美国学者 A. J. 洛特卡 1925 年发表了《物理生物学原理》②，德国人克勒 1927 年发表了《论调节问题》，都提出了系统理论的一般原理。

在以上诸多思想的影响下，美籍奥地利生物学家、一般系统论的创始人贝塔朗菲发表文章表达了系统思想，提出来生物学的有机概念，主张要从整体性和系统性的角度分析生物有机体。他认为，发现不同层次上的组织原理是科学的目标。1955 年贝塔朗菲的专著《一般系统论》成为系统理论领域的奠基性著作，到 20 世纪的 60 ~ 70 年代该理论受到人们的重视。他于 1972 年发表的《一般系统论的历史和现状》把一般系统论扩展到系统科学范畴。1973 年，修订版《一般系统论：基础、发展与应用》中再次阐述了机体生物学的系统与整合概念，提出将开放系统论用于生物学研究，并用一组联立微分方程对开放系统进行了数学描述。生命现象的组织性、有序性和目的性是相互联系的，这就是贝塔朗菲一般系统论的核心所在。

（3）现代系统理论的发展。

第一，普里高津的“耗散结构”学说。1969 年比利时物理学家普里高津提出了“耗散结构”学说，作为一种系统理论，它阐述了开放系统是如何从无序状态进入有序状态的。在封闭系统内形成有序状态是很容易的，在开放系统形成稳定状态就不是那么容易了，有序性来源于非平衡状态，当系统处于非平衡状态时，它就会不断地和外界进行能量或物质交换，这样就会慢慢地变得稳定和有序。

第二，哈肯的“协同学”学说。西德物理学家哈肯，于 1969 年提出协同学一词。协同学是研究各种不同的系统从混沌无序到稳定有序的演化规律的新兴综合性学科，属于另一种系统理论。协同学不仅适用于非平衡状态中发生的有序变化，也同样适用于平衡状态，因为这是由系统本身的属性决定的，是各个子系统之间的协同导致了有序的发生。哈肯认为，开放系统的有序结构是处在一种动态平衡的状态下，系统结构

---

①　丹皮尔：《科学史》，商务印书馆 1979 年版，第 625 页。

②　A. J. 洛特卡：《科学学译文集》，科学出版社 1980 年版，第 325 页。

的稳定性是以每个要素总是处在不断地吸收和排出的过程中，持续地重复着这个过程使整个系统保持平衡稳定。这一理论更加严密地解释了复杂系统从无序到有序的问题。

第三，乌也莫夫的“参量型系统理论”[①] 学说。苏联学者乌也莫夫在《系统方式和一般系统论》一书中提到，系统方法是联系唯物辩证法与实践的中间环节。他通过研究事物之间相互联系的原理，论证了一般系统的范畴体系，在此基础上演绎出两种用来描述各种系统的一般系统参量，并且他还运用计算机对一般系统的规律进行了研究，进而去研究哲学、物理学、教育学等领域的使用课题。

3. 系统理论的基本观点

（1）整体性。

整体性是系统的最基本的属性，整体性观点则是系统理论中的一个最基本的观点。单独的一个要素是无法构成系统的，系统必须是由两个以上的要素构成的。世界这个大的有机整体是由无数个小的整体所构成的，所有的事物、现象及过程都可以被称作是一个整体。正如亚里士多德的名言“整体大于它的各部分的总和”，这句话成为系统理论的一个基本定律。一个系统的性质不同于它的组成要素的性质，各个组成要素之间相互联系、相互作用才使得整个系统显现出它所具有的特征，也就是说，系统中的一个要素独立存在时所具有的性质与它作为整个系统其中的一个要素时使整个系统所具有的性质是完全不同的。单从数量上讲也许一加一等于二，但是如果考虑到“一”的质量，也许一加一就会大于二。所以说系统整体的属性与功能是由要素的性质、要素的数量和系统的结构三个方面所决定的。

（2）相关性。

要素、系统和环境之间总是处于一个不断联系、相互作用、相互制约的状态下，三者缺一不可，这就是所谓的“相关性”。系统中的要素是无法脱离其他要素而单独存在的，其中一个要素发生了变化必然会引起其他要素的变化，进而是整个系统的变化。也许一个要素的变化不足以彻底地改变整个系统，但一个要素的变化也可能致使其他要素发生连锁反应，从而改变整个系统的状态，即所谓的“蝴蝶

① 乌也莫夫：《系统方式和一般系统论》，吉林人民出版社 1983 年版，第 87 页。

效应”①。恩格斯认为“辩证法是关于普遍联系的科学”。世界上每一个事物或现象都与其他事物或现象相互联系，这种联系是各种各样的，比如因果联系、系统联系、结构联系等，这些联系在整个世界构成了一个联系网络，在分析事物或现象之间的相关性时，应该从整体出发将整个联系网络综合起来分析，只有将内部和外部两个方面结合起来考虑，才能正确地认识系统。

（3）动态性。

一切实际系统由于其内外部联系复杂的相互作用，总是处于无序与有序、平衡与非平衡的相互转化的运动变化之中。任何系统都有一个生命周期，都会经历一个从新生、成长、成熟到衰退的不可逆的过程。系统的这种变化就是它的“动态性”。系统的存在本身就是一个动态过程，看似稳定的系统结构不过是动态过程的外部表现而已。系统的动态过程中的有序性又体现了系统的目的性，系统的有序方向就是系统运动的目的。在动态系统中，有序状态可以分为两种，一种是平衡的，该状态一旦形成就很难改变，大多是微观世界里的有序；另一种是非平衡的，该状态的形成必须以系统的内外差异为前提，只有存在差异才能使系统与外部环境进行并长期维持物质、能量和信息的交换，大多是宏观的有序。无论是生物界还是无机物质都存在朝有序化发展的现象。为了使系统的效益最大化，就必须使系统在动态的前提下实现平衡。系统的动态观点在实际生活中表现为我们不能静止地看待问题，而是要用发展的观点研究问题，要如实地将事物或现象看成是一个发展变化的动态过程，并明确目前的事物或现象处于动态过程的哪个阶段，从而全面地把握整个系统。

（4）结构性。

结构是系统的基本属性。系统的结构是系统内部各要素之间的具体联系和作用的形式。系统存在的一个重要前提就是具有稳定的结构。只有系统内部各要素的稳定联系形成有序结构，才能保持系统的整体性。系统的结构具有稳定性，系统中的各个要素是不断变化着的，它们需要进行更新换代，但只要整个系统的结构不紊乱，那么这个系统就会继续保持它原有的状态和性质。系统之所以能一成不变地保持自身的稳定，不是因为内部元素的不变性，而是元素之间的稳定的联系造成的。系统

① “蝴蝶效应”是指在一个动力系统中，初始条件下微小的变化能带动整个系统的长期的巨大的连锁反应。这是一种混沌现象。

的结构还具有一定的层次性，大的系统由无数个小系统构成，而小系统还包含许多子系统，纵向就构成了多个层次的垂直系统，在横向上则有众多并立的平行系统，从而形成结构复杂的交叉层次。系统的层次越高，结构和功能的种类就越多。

（5）环境适应性。

系统不可能脱离环境而存在，同时每个存在的系统都必须是和环境相适应的。因为现实中的系统都是开放的，和环境的接触是无法避免的，它无时无刻不在与环境进行着物质、能量和信息的交换，这样才能保证这个系统在整体上是保持稳定的，否则，系统就会瓦解。系统处于一定的环境之中，难免会受到外界各种各样的干扰，而且系统内部的各元素之间的相互作用也不总是那么顺畅的。如果系统无法承受内部的或外部的变化，那么它就会崩溃。系统只有经受变故的考验之后能够继续保持或恢复自身状态，才能永续。单纯地看一个系统的功能是看不出来的，只有把这个系统放在一个合适的环境当中才能体现出它是如何发挥作用的。系统和环境之间是可以相互影响的，外部环境可以影响系统的结构和功能，而系统通过向外部环境输出新物质、能量和信息来改变整个环境。环境适应性也是系统理论的重要观点，只有保证系统内部各要素之间以及系统与外界环境之间都能平衡稳定、协调统一，才能使整个系统向更好的方向发展。

4. 系统理论在管理领域的应用

系统理论是尽可能地把一切组织——公共的和私人的、大的和小的——一般化。系统理论给现代管理理论的研究注入了新的活力，尤其是在公共管理方面，系统理论成为公共管理理论的最新理论。根据系统理论的基本观点，公共管理中的每一个要素都不是孤立存在的，它们之间都有着密切的联系，同时与其他系统也发生着各种各样的联系。在公共管理中，系统是一个理性化的概念，所以为了达到最优化管理的目标，必须运用系统理论对公共管理进行充分的系统分析。公共管理领域引入系统理论可以加强我们对影响目标实现的各种行为和活动之间关系的认识。公共管理中的系统理论认为，个体之间存在相互联系，某个部门或组织的行为对其他部门或组织是有影响的。在公共管理中，管理者的主要职责之一就是对下属各部门进行监督，制定一个总体目标并以其为标准来引导和纠正下属部门的行为。系统理论在公共管理领域的应用标志着公共管理已经从以前的公共行政阶段进入了现代化的公共管理层面。一个系统既可以封闭的乂可以是开放的，这两种状态分别代表两种不同性质的管理体制。

(1) 封闭系统模型。

该模型认为公共管理系统是封闭的（见图2-7）。组织被认为是完全孤立的，与外界（服务对象、社会和各种环境）毫无联系，甚至连对其授权并给予财政支持的立法机构都仅仅当作一个输入变量。而组织的控制核心是一个我们看不到的内部结构，其中，公共管理机构负责从信息输入到结果（物品、政策或服务）输出的转化过程。有些大型组织的一个普遍趋势是通过在系统内塑造许多环境因素来努力减少对不确定环境的依赖①。这样的组织是内向的、有效率的装置。

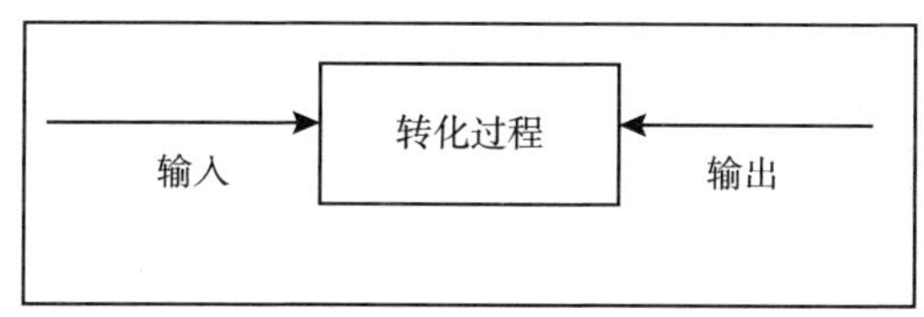

图2-7 封闭系统模型

(2) 开放系统模型。

随着政府职能的多样化和社会的急剧变化，封闭系统的模型被认为是与政府所面临的任务不相符的，所以建立了新的开放系统，见图2-8。

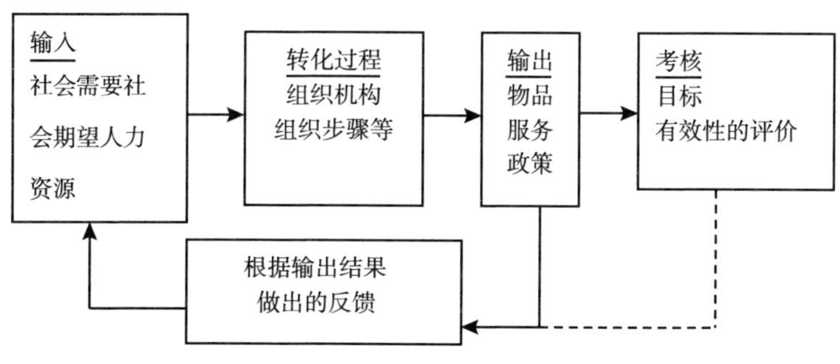

图2-8 开放系统模型

① 詹姆斯·W. 费斯勒、唐纳德·F. 凯特尔：《行政过程的政治——公共行政学新论》，中国人民大学出版社2002年版，第57页。

大多数组织系统理论家运用系统途径把组织看作一个开放的系统，即系统与环境相互作用，由于存在信息反馈机制①，系统本身能及时地发现并纠正错误，所以开放系统在理论上被认为是可以自我纠正的系统。组织是一个开放的系统，它接受资源输入（如设备、雇员等的能量），经过生产、转换，产出输出（产品或服务）②。开放系统是外向型系统，政府是为社会服务的组织，正确地处理组织内部和外部环境之间的关系是政府完成其公共管理使命的前提。在开放系统理论中，首先应该保证系统本身正常运转，要充分利用输入系统内部的资源，减少不必要的浪费，提高系统输出产品或服务的效率，尽量避免日常工作中的无效劳动，并制定出能够满足公众对公共物品和服务的合理要求的制度或政策。

---

① 外界将系统输入物质、能量和信息，经过系统的处理，向环境输出新的物质、能量和信息，输出的结果返回来与系统预期的目标相比较，以决定下一步措施，这种过程叫作“反馈”。

② 一些输入的资源不能转化为产出而是被消耗在维持系统本身的运转中，这部分资源在公共管理领域就是经常性支出。

第3章 政府会计监管的运行环境与存在的现实问题

3.1 政府会计监管的运行环境

3.1.1 政府会计监管与运行环境的关系[①]

政府会计监管的运行环境是指作用和影响政府会计监管的外部条件的总和。它涉及诸多因素，从人到物，从自然到社会，从经济到文化。研究政府会计监管的动态运行环境，就是把会计监管与其生存的环境看作是一个动态系统的运行过程[②]。

不同的政府会计监管环境会有不同的会计监管体系，这也与实际情况相符，我国与西方国家的政策环境不同，也就意味着会计监管的差异必定存在，而且这种差异性也是消除不了的。政府会计监管与会计监管环境是相互依存、相互作用、相互影响的。会计监管环境决定和制约会计监管，起主要制约作用；同时，会计监管对改善和调整会计监管环境具有相反作用。

首先，政府会计监管是随着社会的发展、经济的前进而发生改变

---

① 武辉：《基于宏观经济视角的会计准则动态周期研究》，经济科学出版社2013年版，第56页。

② 戴维·伊斯顿（David Easton）在《政治生活的系统分析》一书中将环境分为社会内部环境和社会外部环境两个部分。社会内部环境包括生态系统、生物系统、个人系统以及社会系统；社会外部环境是某社会本身以外的系统，它们是国际社会的功能部分，或者我们可以将其描述为“超社会”“超系统”环境。

的。政府会计监管如果没有一定的社会经济和社会环境为依托，是无法生存的。

其次，会计监管环境与会计监管是协调一致的。会计监管要适应会计监管的环境要求，有什么样的会计监管环境，就有什么样的会计监管体系和模式。假如会计监管的制度设计与会计监管环境存在冲突和对立，则表明会计监管已不适应会计环境，这就意味着旧的政府会计监管需要调整或废止，如继续执行这种与会计环境条件格格不入的会计监管体系，必然会对社会秩序和经济活动产生不利的影响。

再次，政府会计监管的调整和变迁是由会计监管环境的变化引起的。人类社会的不断进步和发展，科技创新的涌现和生产力的前进，使得会计监管的生存环境时刻受到上述因素的影响而不断发生变化。政府会计监管面对多变的环境，只有及时修改和紧跟环境的变化，才能避免阻碍社会经济的发展。

最后，政府会计监管对会计监管环境具有一定的反作用力。实现会计监管执行目标得益于政府会计监管对会计环境的反作用，这成为研究会计监管环境的主要原因。改善政府会计监管环境是会计监管自身具有的功能，环境在会计监管的持续作用和改变下不断优化，并按照政府的意愿建立有效的模式；反之，政府会计监管活动的效果不好，也会影响会计监管生存的环境，对政府会计监管环境产生相反的作用，不利于整个会计领域的改善和良性发展。

3.1.2 政府会计监管运行环境的影响因素[①]

1. 社会经济状况

无论什么性质的国家和地区，政府的决策体制、目标、职能、行为、原则、方法等方面都要受到经济环境的制约，政府会计监管也不例外。政府会计监管的经济环境因素是指对会计监管系统有重要影响的各种经济要素的总和，主要由社会生产力和生产关系的发展状况构成，包括生产力的结构、性质（技术改造、国民收入、资源分配等）和生产资料的所有制形式（个人所有、集体所有、国家所有等）。世界上国与

① 武辉：《基于宏观经济视角的会计准则动态周期研究》，经济科学出版社 2013 年版，第 67 页。

国之间、地区与地区之间由于生产力水平、生产关系的状况以及科学技术的发展存在着很大的差异，所以，经济环境表现出极大的不同，进而使得政府会计监管的模式和机制有所差异。

政府设计会计监管体系的首要依据是社会经济状况和发展水平，即要根据国家和地区的实际情况来建立符合社会经济发展水平的会计监管系统；如果政府会计监管体系设计不符合这些条件，那么会计监管的有效性就会受到质疑。一方面，经济环境是人类社会生活中最基本的环境，会计监管系统不可能超越经济环境所提供的条件；另一方面，会计监管系统对经济环境的反作用，主要表现在它可以协调和规范社会经济领域中的利益分配和经济活动，影响会计信息的真实可靠性，只有准确地识别和评估政府会计监管赖以生存的经济环境，才能有效地制定和执行会计监管。

经济实力是政府会计监管体系设计和实施的基本物质依据。政府会计监管的动态运行是一种政治活动，有经济上的根本动因和要求，要想获得制定、执行会计监管所需的资源和国家支持，必须要与国家或地区的经济整体发展一致。也就是说，国家或地区一定的经济实力是会计监管制定和执行以及各种与会计监管有关活动的基本支持，它影响着国家的基本会计倾向和实施效率。

同时，在各种利益关系中，经济利益是最基本的关系，经济利益的分配调节是宏观经济政策的首要任务。以人均 GDP 为例，有关人均 GDP 等经济指标是制定国家各项政策的依据和必需资料。从国内来看，人均 GDP 指标是能够向国民揭示经济发展水平的数值，时常成为行政体系的主要目标①，同样，也是制定政府会计监管制度的参考依据。因为实际收入的增加能给广大国民以希望，政府要是不向国民公布逐年增长的经济指标，就有可能引起国民的不满。人均 GDP 的增加带来政府税收的增加，从而能够向国民提供更好的服务；同时，人均 GDP 增加了，社会消费也会随之增加。从企业立场上看，国家需要制定出适应 GDP 和经济发展趋势的政府会计监管体系②。

---

① 世界各国的经济水平通常是用人均 GDP 这一指标来测定的，而世界银行在每年发布的报告书中都要把世界经济分类为低收入（low—income economies）、中等收入（middle—income economies）和高收入（high—income economies）三种类型。

② Ronald Coase，The Institutional Structure of Production，American Economic Review，September，1992.

2. 社会政治文化环境

社会中除了有形的制度外，还有无形制度。这些无形制度实际是社会中的文化传统，包括道德传统和宗教传统等。社会政治文化是一个社会发挥重要作用的无形制度，对政府也会产生非常重要的影响，是不能被忽略的。有形制度不可能完全解决政府和这些有形制度本身带来的一系列问题，而有时无形制度会解决很多有形制度解决不了的问题，这些无形制度同样在人类社会中发挥重要作用和效果。

社会政治文化是一个民族在特定时期流行的一整套政治态度、政治信仰和政治情感。政治文化是社会在政治制度方面流传下来的传统习惯和行为特征的总和，包括公众对政治过程所持的态度、信念和价值观，以及由这些观点引发的行为和制度。它源于政治社会化过程，是一个民族的整个历史经验和公民所受的正式和非正式教育的共同产物[①]。

社会政治文化是影响政府会计监管体系设计的一个重要环境因素，不同国家的会计监管以及设计过程、执行过程都有差异，这些差异完全可以从社会政治文化的角度来解释。在不同社会政治文化环境中，政府会计监管系统表现出不同的特征。政治文化影响政治行为，也影响经济行为和企业中的会计活动，尽管它并非绝对地支配会计监管行为，但与各种行为出现的频率和可能性直接相关。

各国之间的政治文化差异是根深蒂固的，是在历史上形成的，难以消除或改变。我国与西方国家的社会政治文化存在着诸多差异。政府会计监管是一个国家政治、经济、文化、法律等因素共同协调的产物。但就我国目前的情况来看，政治体制、经济发展等因素对会计监管的影响多于社会政治文化对政府会计监管的影响，这也是很多会计监管系统设计者的共同观点。但是，在现实生活中，国家的风俗文化对会计人员的价值观的影响不可忽视，因此，各国的会计监管设计体系存在差异是必然的，这也意味着我国的会计监管改革可以借鉴一些先进的国际经验和做法，但不能完全照搬照抄，也应保留一些我国特有的历史文化传统的、具有中国特色的会计概念和会计监管方法[②]。

---

① L. Pye, "Political Culture" in S. Lipset (ed), The Encyclopedia of Democracy, London and New York: Routledge, 1995, 152.

② 杨晓燕：《论中美文化差异与我国会计准则的制定》，载于《山东财政学院学报》2001 年第 6 期。

3. 国际环境因素

每一个国家都不是独立于世界的，都置身于国际大背景之中。一个国家的会计监管体系不仅受国内经济、政治、文化传统等因素的影响，而且也受国际环境因素的影响与约束。把会计监管放在国际环境中开展研究，不仅可以与世界其他各国比较政府会计监管系统的优劣和绩效的高低，同时也是显示国家经济实力和决策水平的基本指标。

国际环境是指一个国家同世界各国和各地区之间的政治、经济、文化、地理等方面的关系以及其他国家之间的相互关系。在当今科技高度发达的信息社会，国与国之间不同的地理位置已不再成为相互交往的障碍，政治关系中的相互支持、经济关系中的相互依赖、科技文化的相互交流，使国与国之间的关系更加紧密。国际环境对一个国家的会计监管制度有非常重要的影响，而且国际环境因素对各国会计监管模式的影响将有增无减。

在当代，国际环境成为各国公共决策和制度安排的一个重要变数，离开国际环境，无视国际经济、政治、科技文化的发展趋势的监管手段、方式，要取得预期结果是不可想象的。随着经济全球化和国际关系的日益发展，国际交流不断扩大，国际社会中出现了许多需要各国政府联手解决的问题，如生态环境保护、外层空间开发、国际邮政通信、控制人口过度膨胀、打击国际犯罪团伙、研究疑难病症、救济国际难民等。这些国际性问题的出现，使公共政策具有了国际性特征。因此，在全球化和国际化的趋势下，政府会计监管也具有了新的特征，要加强国际横向沟通，对会计领域出现的新问题、新事物共同讨论，商讨政府会计监管的现在及今后的发展方向，努力实现共同的会计目标。当代世界的全球化、市场化和信息化的趋势对一国的会计监管产生了极为深刻的影响，同时，世界经济一体化及区域化，使得各国或地区在制定社会经济政策（当然也包括政府会计监管）时，无时无刻不考虑世界经济局势的发展变化。

在政府会计监管国际化的过程中，不应简单追求形式的完全相同，因此在设计会计监管制度时应在考虑国际环境因素的同时按照交易事项的经济实质和会计活动的特点来设计所采用的会计监管方法。另外，对国际财务报告准则中没有规范的，而我国特有的经济交易事项和会计活动应制定专门的会计监管制度来规范①。

① 魏明海等：《会计理论》，东北财经大学出版社 2005 年版，第 35 页。

综上所述，政府会计监管的运行环境由多种要素构成，有政治的、经济的、文化的、人口的、国际的、国内的、社会的等。随着经济发展和环境因素的推动，政府会计监管体系的发展和变化将与监管环境日趋紧密，使会计监管在新旧问题交织或旧问题在新时期呈现出新变化时，适应各国经济领域和企业的需要。政府会计监管动态周期的运行环境见表3－1。

表3－1　政府会计监管动态周期的运行环境

项目	社会经济环境	社会政治文化环境	国际环境
内容	生产力结构和生产资料所有制形式	公众对政治过程的态度、价值观、制度	政治、经济、文化、地理等方面内容
重要性	制定一国或地区会计监管的重要依据	影响政治行为、经济行为及企业的财务活动	公共决策监管的重要影响因素
作用	影响国家的基本会计倾向和实施效率	解释不同国家准则在制定、执行中的差异	明确发展方向，实现共同会计目标
实现途径	使会计监管运行与经济发展保持一致	借鉴国际经验，保持中国特色，符合政治文化背景	避免形式相同，争取与实质一致

3.2　我国政府会计监管的发展历程

改革开放40多年来，我国政府会计监管有了巨大发展，取得了瞩目成就。本节从经济制度、会计监管主体、目标及监管形式等方面简述政府会计监管的五个发展阶段。政府会计监管随着会计环境、经济政策等的变化，会计监管主体、目标、结构也发生着深刻改变。在当前新型国家治理的社会背景下，政府会计监管的职责、治理、手段呈现出新的特点。

第一阶段（1978～1984年）：改革初期，计划经济、经济成分单一，政府直接管理。

在这一阶段，经济运行模式是计划经济，经济成分单一，国有企业集所有权和经营权于一身，实行政府直接管理方式，国有企业是行政机关的附属物，“政企不分、政资不分”特征明显。监管主体是政府，企业会计人员代表国家进行各项利益监督——对国有企业执行国家财经政策、法令、制度的情况进行监督。会计监督是在各个财务会计组织的活动中实现的，会计监督也是国家进行行政管理、经济决策的治理手段。这个阶段的会计监督目标是国家利益至上，保持了计划经济时期政府主导的特点，具有浓厚的政府行政监督的色彩。理论界对会计监督的研究多是围绕会计是否具有监督的职能进行讨论，对会计监督没有更深入的研究。

第二阶段（1985～1992年）：探索阶段，利益冲突引发会计监督失灵和失效。

在探索阶段，经济制度是“公有制基础上的有计划的商品经济”。随着经营自主权的不断扩大，国家与企业的利益冲突和矛盾进一步加剧。承包经营责任制使会计人员出现了“双重身份”的困惑，由于担心经营者的打击报复，大多数会计人员不敢履行会计监督的职责，使会计监督流于形式。此阶段的会计监督目标是维护国家财政和财务制度，保护公共财产，加强经济管理，提高经济效益。然而，此阶段会计造假的现象蔓延，会计信息严重失真，导致会计监督陷入困境。这一阶段的监管形式是审计、财政、税务等政府部门共同监管，重点进行财经法规的普及和执行。理论研究局限于会计监督实务问题的探讨，提出了外部监督体系的基本构架，但较少从会计理论和理顺会计监督体系的高度对会计监督进行系统思考。

第三阶段（1993～2000年）：初级阶段，市场经济体制和现代企业制度初建，会计监督开始探索新模式。

在初级阶段，经济运行模式是社会主义市场经济体制，国有企业在改革过程中建立了现代企业制度。这一阶段提出了“产权清晰，权责明确，政企分开，科学管理”的企业管理模式。会计监管是以政府为主导、实行会计委派制。这一阶段颁布实施了《会计法》，《会计法》从法律的角度强调了会计监督是公司治理结构的重要组成，明确了会计人员履行会计监督的权利和职责，会计监督的地位和作用更加突出和重要。在会计监管理论研究中，会计信息质量成为会计监督关注的核心，监管部门构建了由单位内部监督、社会审计监督和政府监督组成的会计监督体系，即会计监督的“三位一体”监督体系。此阶段的政府监管着力点主要是加强企业会计准则体系的建设。

第四阶段（2001～2012 年）：发展阶段，会计监督体系逐步理顺，内部控制逐渐受到社会广泛关注。

在发展阶段，经济运行呈现社会主义市场经济逐渐完善的特点，非常重视单位内部会计监督，实行了向国有重点大型企业委派监事会制度。监管主体是政府，会计人员发挥企业内部监督作用，并提出加大社会审计及公众监督。监管目标是改革和完善公司治理、加强市场监管。政府的会计监管将会计信息质量检查作为规范市场经济秩序和会计活动的重点，开始整治会计造假和会计师事务所出具虚假审计报告等问题。该阶段是会计监督理论创新和发展最为突出的阶段。

第五阶段（2013 年至今）：完善阶段，会计监管多元化，追求会计治理效果。

在完善阶段，经济运行模式是市场在资源配置中起决定性作用，政府逐步退出资源配置职能，重点关注国家治理。监管主体是以政府为主导，协同其他政府监管部门，充分发挥社会审计、公众、新闻媒体的作用，构建多元共同监督的治理结构。监管重点是政府会计监管与惩治腐败、问责问效、诚信建设相结合，行政管理趋于弱化。会计监督的理论研究呈现跨学科、多元化，开始关注智能会计，大数据、区块链、互联网与会计监管的融合以及会计监管在这种背景下的发展方向。我国政府会计监管的发展历程见表 3－2。

表 3－2　　我国政府会计监管的发展历程

时间（年）	经济运行模式	监管主体	监管目标	监管形式
改革初期 1978～1984	计划经济时期，政府直接管理	政府直接领导，会计人员为行政管理人员，是直接监管主体	国家利益至上，会计监督是行政管理手段	没有专门的会计监管，会计监管融入行政管理
探索阶段 1985～1992	国家调节市场，市场引导企业	政府主导，会计人员的双重身份使直接监管流于形式	维护国家财政、财务制度，保护公共财产，加强经济管理、提高经济效益	审计、财政、税务等政府部门监管，重点是财经法规的遵守与执法；提出外部监督基本框架

续表

时间（年）	经济运行模式	监管主体	监管目标	监管形式
初级阶段 1993～2000	社会主义市场经济体制建立	政府主导，重点领域实施会计委派制	维护市场经济秩序、加强经济管理、提高经济效益	财政、审计、税务等监督检查，重点是会计工作秩序和委派人员履职情况；颁布《会计法》、实行会计委派制和稽查特派员制度
发展阶段 2001～2012	社会主义市场经济体制完善	政府主导，会计人员转向内部监督，加大社会审计及公众监督	规范会计行为，保证会计资料真实、完整，加强经济管理和财务管理，维护市场经济秩序	财政、审计、税务、一行三会等多元监管，财政部门关注会计信息质量，定期发布会计信息质量监督检查公告
完善阶段 2013 至今	市场在资源配置中起决定性作用	政府主导，协同其他政府监管部门，充分发挥社会审计、公众、媒体作用	开始关注国家治理	政府会计监管与惩治腐败、问责问效、诚信建设等国家治理相结合，行政监管趋于弱化

3.3　我国政府会计监管存在的现实问题

本节运用实地调研、问卷调查等方法研究我国政府会计监管的现状，分析“会计治理能力较弱”“不适应新会计环境变化”“制度设计僵化”“监管过度与不足并存”“社会关注度低”“法律法规建设滞后”“多元监管互补协调较差”等问题，在对国内外相关文献进行收集和分析的基础上，进一步明确本书的理论研究目标。

从本质上说，政府会计监管是纠正由会计产品“负外部性”而引发的市场失灵，不恰当的政府会计监管模式不仅无助于改善会计治理，还会加剧会计失灵。当前政府会计监管主要存在以下问题。

3.3.1 会计治理能力较弱，监管效率低下

当前，会计信息质量检查机制是政府会计监管体系中的重要组成部分，监管部门定期对我国企业、行政事业单位、会计师事务所、金融行业等进行会计信息质量检查，并将检查结果逐户公告。会计信息质量检查机制在提高会计信息质量、规范资本市场发展、服务实体经济方面发挥了重要作用。

但其也存在缺陷，主要表现在以下几点：一是在近几年的会计信息质量检查公告中，披露的资产、负债、所有者权益不实的企业数量占60%以上，整体呈上升趋势，利润不实现象更加普遍；二是在对会计师事务所执业质量检查中披露的内部管理不规范、质量控制不到位等问题未有明显改善，公告中屡次提到；三是由地方财政部门检查的企事业单位违纪金额没有明显下降[①]。同时，由于会计信息披露的舞弊成本较低、行政制裁执法处罚的弹性较大、处罚力度不够等也纵容了上述现象的持续发生，导致现有的政府会计监管治理效果较差，治理模式亟待改变。

目前的会计信息质量检查公告以发布宏观定性结论为主，无法直观、纵向地反映会计信息质量的变化，信息可用性不强，社会影响力不大，政治权威性不高，公众威慑力不够，降低了政府会计监管的治理能力，导致监管效率较低。

3.3.2 不适应新的会计环境变化，制度设计僵化

会计环境涉及诸多因素，从人到物，从经济到文化，从制度到社会。会计环境以一定的社会经济环境为依托，影响经济的资源配置、风险防范等（谢志华，2014）。宏观经济政策环境变化引发会计环境的改变，因此政府会计监管体系也应随之改变。如果监管制度与会计环境存在冲突和对立，那么表明监管制度已不适应会计环境，这就意味着旧的监管制度需要调整或废止，如继续执行与会计环境条件格格不入的监管制度，必然会阻碍社会经济的发展。

---

① 王竹泉、江玮滢：《我国会计信息质量检查十年回顾与改进建议》，载于《财政监督》，2017年第2期。

在国家治理理念的影响下，政治、经济、社会制度构成的国家政策环境正在发生深刻变化。随着国家治理体系和治理能力现代化的不断推进，会计环境也随之发生改变。会计监管是经济治理体系中的重要组成部分，但该体系的治理主体、治理结构等未有明显改变，制度设计僵化，未顺应会计环境的变化而变化，主要表现在：一是从政府会计监管目标来看，过去政府监管的目标侧重于保护国有股东的利益，但是现在国家治理框架下的会计监管目标是最大限度实现公共利益、保持经济秩序稳定；二是从政府会计监管主体来看，政府一直占据主导地位，其他监管部门为辅，但在经济治理体系下强调多主体协同治理，其他主体有通过治理体系表达自己诉求的权力，使政府、社会、市场三者之间形成互动的伙伴关系；三是从政府会计监管结构来看，传统的局部性、单一型、“救火式”的治理结构已无法适应新的治理环境，国家治理强调各要素之间的动态均衡和绩效评价，建立依法善治的复合式治理结构。

因此，政府以一己之力已无法应对会计环境的变化，应尽快调整会计监管制度体系，适应新的会计环境要求，运用多元监管之力提高会计信息质量、牵引资本市场健康规范发展。

3.3.3　信息披露单一滞后，社会关注度低

由于会计信息使用者在政府会计监管的制度设计、监管内容、治理结构、监管程序、信息披露等方面存在诸多疑问和不满，导致现有政府会计监管活动的社会关注度较低，影响力较小，会计信息使用者以脚投票，未能更好地发挥会计监管的作用，对经济领域治理缺乏贡献。

主要表现在：一是政府会计监管机构对会计信息使用者的需求偏好不完全了解，发布的检查公告内容较简单，可用性不强，利益相关者偏好的信息无法获得进而失去对政府会计监管活动的关注。二是公众参与度较低，舆论宣传较少。会计监管一直以政府为主导，缺乏鼓励和支持其他利益相关者参与治理的途径，降低了非政府监管主体的愿意与积极性。同时，政府对会计治理及检查公告的宣传力度不大，甚至很多公众不知道会计信息质量检查公告是什么。政府不积极，社会不响应，削弱了会计治理的效果。三是政府会计监管结论发布存在滞后性。政府会计监管部门年底发布上一年度会计信息质量检查公告，但公告内容是两年

前的会计信息质量情况，这让会计监管成为事后监管行为。由于时间和内容严重滞后，会计信息质量检查公告无法成为会计信息使用者的投资决策依据，由此降低了社会关注度。

基于我国会计环境的新变化、会计治理的日益复杂以及会计信息质量的要求，根据国家治理结构的有机统一、相互协调、整体互动特点，新型政府会计监管应在利益相关者行为偏好和集体选择的基础上，从多元共治的角度构建综合绩效评价指数和动态监管治理运行体系，丰富会计信息披露的方法和手段。

3.3.4 政府会计监管目标多元导致政府角色存在冲突

企业的正确利益取向是在不违法前提下的利润追逐。经过会计的计量和处理之后，较容易判断企业的目标是否实现。与企业相比，政府的监管目标是多元的、难以预测的。尤其是在经济转轨时期，政府往往既是资产所有者，又是管理者，导致难以实现政企分离。就上市公司财务会计信息的披露而言，政府集会计信息的提供、使用和监督于一身，具体如图 3 -1 所示。

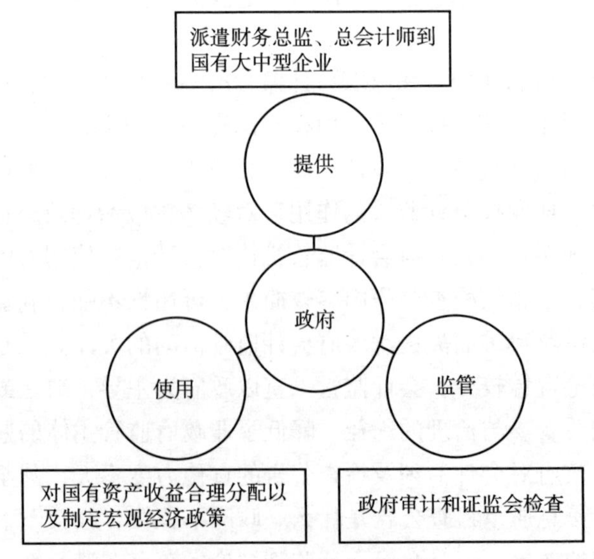

图 3 -1 政府的多重身份

资料来源：由笔者绘制。

政府的会计监管利益目标主要有三个，多元化的利益目标取向极易引起角色冲突。一是政府对上市公司的要求逐渐多元化，政府的行为渐渐演变为上市公司的行为，不仅要求上市公司参与市场竞争并实现盈利，还要求上市公司负担繁重的社会责任。采取两种标准来衡量和监督上市公司履约行为的做法，很容易诱使上市公司运用相互冲突的目标函数产生机会主义行为，从而使政府监管无从下手。二是政府承担的角色存在明显冲突，可能会为了谋取所有者的利益而利用社会管理者的垄断权力，也有可能为获取政府部门的自身利益而舍弃社会利益，这使公平的市场交易原则被政府打破。三是政府的会计监管范围和内容不断增大，导致政府实施的会计监督难度也随之上升，极易出现失误，引起社会公众等利益群体的不满。

3.3.5 监管主体协调失灵，政府监管过度与不足并存

会计监管行为的具体实施者被称为会计监管主体。作为监管主体至少应当具备两个条件：一是地位具有独立性，与被监管者不存在依附关系及利益关系；二是权威性和强制力具有法定性，能够依法对违规的被监管者进行制裁。目前，我国政府监管部门众多，财政、税务、审计、国资委、证监会等都要对会计活动进行监督。各个监管部门之间通常是各行其是、分散管理，缺少横向的信息沟通，这使得部门之间难以互相协调，共同行动致使监管重叠或监管空缺，从而产生监管过度与监管不足并存的现象。

从权利分配来看，政府制定的会计监管政策应当是集体协调（包括部门内部以及各个部门之间的协调）的结果。但是，如果多元主体之间无法有效地协调，就极易出现一连串的问题。部门的本位主义容易诱使某些监管机构和监管人员为了谋求自身利益的最大化，积极扩张自身监管的公共领域范围，以此取得最高租金份额或者最大寻租，对监管权力的抢夺和滥用是内在激励的表现形式，最终导致监管矛盾的产生。

另外，多头监管的现象突出，原因主要是各部门分工不明确、职责不清和职能重复交叉。财政部和证监会分别拥有会计规范制定权和资本市场监管权，对上市公司的会计监管模式是“双头主导”。证监会与财政部之间的关系尚未厘清，权力分配和监管内容上存在重叠与交错。财

政部负责会计规范的制定和会计信息的提供，证监会的主要职责是制定监管政策以及颁布信息披露制度。由于缺乏沟通，使得某些主要会计问题处理存在分歧，削弱了政府监管的权威性和有效性。

从法律层面上，各个政府部门在颁布规章时未与其他监管机构在会计信息披露规范上进行沟通和协调，使在政府会计监管的过程中无法实行科学有效的监管，也无法对违法行为予以准确、客观、公正的定性和惩罚。证监会1999年修订的《公开发行股票公司信息披露的内容与格式第2号——年度报告的内容与格式》与财政部2001年出台的《企业会计制度》在标准的确定、报告的内容与披露方式等方面有一定的差异，导致监管部门对违规行为进行定性和实施惩戒的难度加大。又如《中华人民共和国会计法》和《中华人民共和国证券法》，两个法律均针对上市公司提供虚假的财务报告这一现象作出了相应的惩罚规定，但两者之间又是互相独立的。比如《会计法》的约束对象是“全部大中型企事业单位的法人代表和会计主管”，该法律实行的时间较早，不仅无法对上市公司进行有效制约，而且与社会公众对上市公司会计信息的真实性要求也存在差异，甚至与《中华人民共和国证券法》的规定也有非常大的差别。这种多个法律制约的局面，致使上市公司一旦提供不真实的会计信息，在判定公司法律责任并实施惩戒时，依据不同的法律其承担的责任和处罚不同。由于无法协调法律层次的冲突，导致对上市公司的会计造假行为进行处罚成为难题，也削弱了法律的威慑力和权威性，降低了上市公司的造假成本，无形之中助长了上市公司财务舞弊的不良风气。

3.3.6 法治建设滞后，责任制度不健全

会计监管主体对单位经济活动和会计行为实行监管所采用的具体方法和形式，即为会计监管方式。政府在监管过程中察觉某些与法律法规不相符的行为时，需要采取特定的手段对违规企业实施惩戒。当前会计监管的手段单一，主要原因是计划经济时期行政部门一手抓，导致我国的监管手段主要依靠行政手段，忽略了法律手段的强制作用，惩罚制度设计、颁布和实施过度滞后。

与行政监管手段相比，法律手段的最大优点就是客观、公正、威慑

性强，而且其监管成本往往低于政府实行行政监管的成本。假如整个社会拥有良好的法律环境和完善的法律体制，那么一旦采取强有力的手段确保其能够顺利实行，就能让整个社会在一种良好的法律秩序下运行，因此能够削减很多不必要的行政监管成本。由此推论，拥有完善的会计法律规范，再加上强有力的手段确保法律法规顺利执行，会计信息的生产和披露就能在完善的法制环境下有条不紊地进行，进而有效地减少会计违法、违规行为的发生频率，减少政府监管的资源耗费，减轻整个社会为此付出的成本。

自社会主义市场经济体制建立以来，历经多年的建设后，我国已初步构建了系统化、多层次的会计监管法规体系，具体包含三个层次，如图3－2所示。

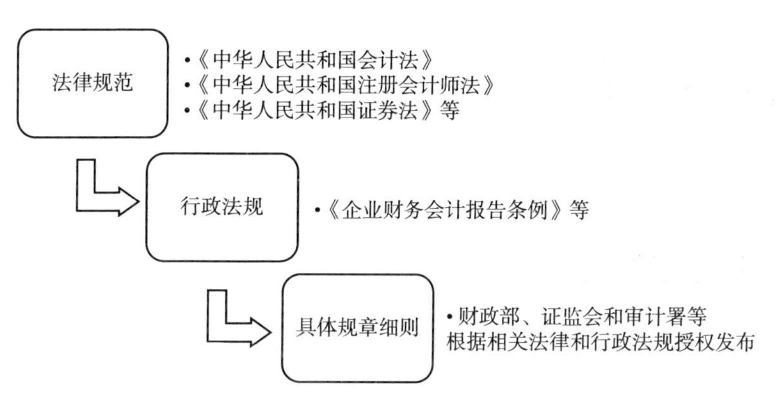

图3－2 我国会计监管法规体系

资料来源：由笔者绘制。

从上诉内容来看，这些法律、法规和规章细则已十分丰富和详尽，但还是存在很多局限性。

1. 会计监管配套的法律法规抽象化，重形式而轻实质

《中华人民共和国会计法》虽然对会计违法行为的各种惩罚措施作出了明确规定，但依然缺少具体的认定标准：一是对隐匿会计资料行为与会计凭证等的认定标准均未作出明确的规定；二是对法律责任的认定问题存在较大自由裁量。《中华人民共和国证券法》等相关法律规定违背会计信息披露原则的责任人应承担行政责任、刑事责任和民事责任，但几乎未涉及如何对违法行为进行认定、如何对责任人追究民事责任、如何划分几个责任人之间的责任等，对这些问题的陈述过于原则化或抽象化，在司法实践中存在较大的自由裁量权。

2. 缺乏法律追究机制，后续监管不力

法律追究机制的欠缺以及行政责任和刑事责任追究不力、惩罚过轻，导致其对会计失信者的威慑力降低。由于民事赔偿责任立法滞后，也缺少可供借鉴的执法经验，我国目前仍未出台与虚假会计信息受害者索赔相关的民事法律规定，同时也没有发生索赔成功的案例。即使监管部门对某些违法案件实施了惩处，通常也存在执行困难的情况。对违法案件进行后续监管不单是为了确保监管效果，更是为了让被监管者保持遵纪守法的积极性，避免因后续监管不力导致大多数违法者心存侥幸，遵纪守法者的积极性却在某些程度上遭受打击，发生“劣币驱逐良币”的现象。

3. 会计法规之间的协调存在问题

依据会计监管的法律环境，法律法规之间难以有效地衔接，缺乏协调性并且存在“冲突”。规范会计活动的法律法规众多，制定相关法律法规的政府部门较多，各部门为确立各自的会计监管权，在拟定法规时往往与其他监管部门在立法上发生利益冲突。但是监管部门之间又难以协调，导致监管效率低。现有法律对会计的法律责任处罚力度存在区别并且弹性较大，导致执法人员无法决策。

4. 现行法规中缺少对出具虚假会计信息行为的认定规定

虽然《中华人民共和国证券法》《中华人民共和国公司法》以及相关的法规对提供虚假会计信息的相关人员需承担的民事赔偿责任作出了规定，但如何对虚假会计信息进行具体认定的相关规定通常过于原则化和抽象化，致使在司法实践中存在很多难点和障碍。

（1）从法律角度确认虚假会计信息的含义以及虚假会计信息的认定相当复杂。

不同阶层和不同行业的人士有各自不同的判断标准：

第一，专业人士对某项会计信息是否虚假的认定往往是依据专业标准。一旦与专业标准相符，不论会计信息反映的内容是否符合事实，都不可以将其认定为虚假会计信息。

第二，对非专业人士而言，由于他们不了解复杂的专业标准，假如对虚假会计信息无法从法律上给予具体界定，这些非专业人员就会比较直观地对虚假会计信息进行认定。他们往往认为，一旦会计信息所反映的内容与事实不符，那么该项会计信息就是虚假的。

第三，换言之，专业人士侧重的是会计过程与会计形式，而非专业人士重视的是会计反映的结果。会计信息使用者与相关的司法部门均为非专业人士，当会计信息引起法律冲突时，在对某项信息的虚假与否进行认定时，假如法律未作出明确规定，那么在司法实践中就会产生众多困难，司法部门通常采取最简便的方法，即以事实为标准，认定会计信息的虚假与否。

（2）尽管可以在法律范围内认定某项会计信息是虚假的，但是同时存在一个法律难题：如何确定这项虚假会计信息的产生是故意还是过失？

在对提供虚假会计信息的责任人员进行刑罚判定时，故意与过失承担的法律责任有明显差别。前者既要负担民事赔偿责任，也要承担刑事责任，后者根据不同的程度，判处不同的民事责任。若属于重大过失，责任人员就要承担较大的民事责任、可能赔偿较高的金额；若属于一般过失，那么负担的赔偿责任就比较轻。即使是专业人士，有时也很难对虚假会计信息的产生是故意还是过失进行认定。

5. 关于虚假会计信息法律责任的分担问题

因为虚假会计信息会造成严重社会经济后果，所以对出具虚假会计信息的责任人员进行法律责任尤其是民事赔偿责任的追究是天经地义的。但是，披露一项虚假会计信息是从原始凭证开始，直至报表发布结束的，中间包含很多的环节，比如会计信息使用者、财务经理、公司的财务人员、注册会计师、公司总经理、公司管制机构以及会计信息公布的媒介。如何对不同环节的法律责任进行划分是一个难题。

在现行的《中华人民共和国公司法》《中华人民共和国证券法》中规定，要对提供虚假会计信息的公司管理部门与财务主管追究法律责任，在《中华人民共和国注册会计师法》中，第四十二条规定要对注册会计师出具虚假会计信息的行为追究过失责任。同时，相关法规也强调要对监管部门追究失职责任。但在任何一个法规中都从未规定应如何对同一个虚假会计信息责任进行划分。

因此，在司法实践中，当某项虚假会计信息触及多个环节时，司法部门只可以采取“非理性无限连带责任”的判定原则，由最有能力承担经济赔偿的责任人员负责，这也称为“深口袋理论”。从表面上看，贯彻这一理论能起到平衡社会机制的作用。但事实上，这种罚不当罪的现象因为这种责任与权利的不相配比已经产生了一些恶劣的后果。

6. 责任制度不健全

鉴于政府地位的特殊性与政府会计监管的必要性，政府拥有了会计规则的垄断制定权。垄断与竞争是对立的，绝对的垄断由于对竞争的制约而造成效率低下，而竞争会推动有效制度的建立。当不能取消政府的垄断权时，应运用某些替代方法进行补救，比如政府行为也应当受法律的规范与群众的监督。我国存在的现实问题是，立法赋予了政府会计规范的制定权，却对政府制定的低效或无效的会计制度应负担的责任未做出明确规定，因此政府的权力与责任是不对等的。

我国目前与政府会计监管有关的法律法规强调对监管客体的责任制约，却忽视对政府部门的监管行为追究责任。监管部门对日常经济活动进行监管时随意性较强。具体表现在：监管部门既欠缺对定量指标的限制，也未制定一套完整的奖惩机制，对监管部门的执行行为缺少约束。

防范滥用权力的有效方法是权责对等。之所以不能准确判断监管部门的监管效果，是因为没有对政府的会计监管活动实施恰当有效的绩效评价。目前，对政府的监管绩效如何评价以及采取什么方法、手段进行评价，依旧未给出明确的操作标准和指南。致使政府权责不对等和无法评价政府监管效果现象产生的原因是欠缺有效监管和测评政府监管机构的监管行为的机制，这造成政府缺乏对会计监管效率和监管标准的评价，甚至无法在成本效益原则下实施政府监管行为制约机制。长此以往，极易导致政府监管机构产生消沉监管甚至腐败问题；并且监管机构亦将逐渐失去其独立性和信誉，进而丧失在社会公众面前的威信，造成更加混乱的局面以及社会成本的上升。

总而言之，我国会计领域出现的法律问题是社会主义市场经济发展过程中产生的一种不以人们的意志为转移也难以避免且急需解决的现象。

3.3.7 政府监管与行业自律的互补协调较差

我国政府对会计工作、会计人员的规范化监管往往是从自身而非会计行业自律作用的角度出发，这种“垄断”式的管理明显是不恰当的。

监管活动是庞杂而繁重的，缺少行业自律的配合而过度依靠政府的监管，极易导致监管僵化和监管成本的增加，也会降低效率，甚至偏离市场需求而发生监管纰漏。

我国的行业自律组织包括如中国注册会计师协会、地方会计协会等各种会计行业协会。这些协会虽然存在很多会员管理和制约相关的问题，但是在我国整个会计行业的发展和会计监管方面起了极其重要的作用，也是政府和企业传递信息的纽带。因此，行业自律应主动配合政府监管的要求，有机结合政府监管与行业自律，充分发挥两者之间的互补效应，对政府监管活动中出现的信息反馈和知识存量等方面的缺陷进行弥补。政府监管部门应当支持与引导行业自律工作，踊跃推动行业自律管理体制建设，提升自律组织的技术援助水平，引导会计行业自律监管健康发展。

因而，在发挥政府会计监管和行业自律的互补效应时，也应重视政府与中介审计机构的权力界限和相互监督的协调效应。

第4章 西方国家政府会计监管体系与对我国的启示

会计领域存在的诸多失灵，政府应该承担一定责任，通过行使会计监管权减少经济领域的问题。世界各国政府就如何在政府部门之间恰当安排会计监管权、实现监管效率最大化达成一定共识。由于各个国家的社会传统、发展历史、政治经济、法律文化等方面存在诸多差异，再加上各国探索的不同实践路径，形成了各具特点的会计监管模式。各国会计监管模式在社会实践过程中大都经历了最初的资本市场无序，中期会计信息造假现象泛滥、监管失灵，后期政府强力介入、逐步完善的过程。政府会计监管体系是会计监督实践经验的精华，也是世界各国之间彼此借鉴、吸收和改进的结果。目前，虽然未有国际统一认可的政府会计监管机制优劣的评价标准，但总的趋势是各国都逐步打造以政府为主导、职业界人士、社会各界共同参与的会计监管模式。本章在梳理英国、美国、日本、德国、法国的会计监管体系及作用机制的基础上，结合我国特点，提出完善我国政府会计监管体系设计的借鉴和启示。

4.1 英国政府会计监管机制

4.1.1 政府主导、职业团体自律监管模式

1. 政府主导改革和法治建设

英国政府监管部门规定，财务会计报告应该“真实公允”、详细披露会计信息，并且限定归属股东的可分配利润，同时赋予会计准则委员

会制定会计准则的法律效力及权威性等。

（1）法律基础：《公司法》。

1989年，英国颁发《公司法》。英国以《公司法》作为政府会计监管的法律依据，对企业和证券交易所的各项活动进行了规范。会计监管内容包括上市公司财务报表披露、投资者权益保护和交易市场秩序稳定。《公司法》对会计信息披露和处理提出了原则性要求，最初的会计准则是由民间组织（ASC）制定的，但最终被会计准则委员会（ASB）所替代。

（2）建立独立的监管框架。

英国政府会计监管的特点是不断强化政府会计监管的力度。20世纪90年代初，英国发生了一系列的会计丑闻，促使英国采取了更加严厉的措施来加强对会计活动的监管。英国工党、英国贸工部、会计团体咨询委员会（CCAB）分别于1997年、1998年1月、1998年9月在《商业宣言》《会计职业独立监管框架》（征求意见稿）和《监管现代化》中提出了建立独立监管框架或机构的建议（见表4-1）。在2003年1月，审查小组建议将分支机构的职能稍作调整（除了职业道德委员会的职能由其他分支机构代为行使之外），纳入财务报告委员会，作为财务报告委员会的分支机构。由于会计舞弊案件数量不断上升和美国安然事件的影响，英国持续加强制定措施，加大政府对会计活动的监管。

表4-1　独立监管建议表

时间	机构	内容	建议
1997	工党	《商业宣言》	建立独立监管框架
1998.1	贸工部	《会计职业独立监管框架》（征求意见稿）	建立独立监管机构
1998.9	CCAB	《监管现代化》	建立独立监管机构

（3）财务报告委员会。

具有政府性质的财务报告委员会（FRC）及其常设机构（财务报告理事会）于1990年8月1日由英国政府设立，改写了英国的会计监督靠行业自律的形式。英格兰银行总裁和工贸大臣联合担任财务报告委员会主席和三位副主席。该机构中20名成员均是与财务报告密切相关的利益团体，制定财务报告政策，实现财务报告目标作出了巨大贡献。财务报告委员会下设两个机构：一是会计准则委员会（ASB），主要负责制定、解释会计准则，并设立“紧急问题工作组（UITF）”负责解决研究实施过程中的具体问题；二是财务报告审查委员会（FRRP）主要审查上市公司编制财务报告时是否遵循会计准则的相关规定，财务报告审查委员会结合会计专业人员的职业判断、会计团体的评论以及媒体的相关报道共同监督上市公司的合规性并根据情况采取相应的补救措施。

2. 行业自律监管

在成立会计准则委员会（ASB）之前，英国会计职业团体是全球备受关注的纯自律型的代表。1942～1969年这期间，由英格兰和威尔士特许会计师协会制定的《会计原则推荐书》是指导企业会计人员进行会计实务处理的依据和标准，与美国的《会计研究公报》（由会计师协会颁布）极为相似。

（1）英国早期的职业会计团体。

英国会计师职业团体主要有：1854年成立的苏格兰特许会计师协会（ICAS），1880年成立的英格兰和威尔士特许会计师协会（ICAEW），1885年成立的特许公共财务与会计协会（CIPFA），1888年成立的爱尔兰特许会计师协会（ICAI），1904年成立的注册会计师协会（ACCA），1919年成立的成本与管理会计师协会（ICMA）。以上所列6个会计职业团体于1974年联合成立会计团体咨询委员会（CCAB）。会计团体咨询委员会是会计制定机构的管理机构，由理事会领导，下设会计委员会（ASC）、审计实务委员会（APC）和国会与法律问题策划指导部三个重要机构。

会计委员会制定的《标准会计实务公告》（SSAP），补充了《公司法》《税法》《证券法》对会计实务的规定，受到英国政府的大力支持，因此具有一定的社会权威性。SSAP本质上没有法律约束力，但企业在编制财务报告时，都遵守SSAP相关规定，并以此为标准判断财报的真实性和可靠性。

（2）财务报告审查委员会（FRRP）。

FRRP的成员涵盖了财务界各领域的独立专家，定期举行全体会议，共同探讨有普遍争议的问题。当财务报告审查委员会（FRRP）有确凿证据表明上市公司财务报告存在问题时，需要提供补救措施，财务报告审查委员会（FRRP）可以采取自愿行动、移交法院或者向媒体解释相关信息，具体行动如表4-2所示。

表4-2　具体措施

种类	适用情形	具体行动
自愿行动	公司董事承认财务报告存在问题	重新发布准确的财务报告或公告报告中的错误信息
移交法院	财务报告中有违反法律的现象	对公司的财务报告作出强制改正要求
向媒体解释相关信息	公司的及时性	在公司下个会计年度的中期财务报告或年度财务报告中予以修正

资料来源：由笔者总结绘制。

FRRP的有效监管得到社会公众的普遍认可，扩展了财务报告利益相关者的知识视野；有助于财务报告使用者更加了解企业的生产、经营、管理等情况；有效防止会计信息舞弊、提高会计信息质量；有助于减少会计师事务所的审计风险。实践证明，财务报告审查委员会（FRRP）是社会认可度高、成本低、收效高的机构，能够充分发挥会计监督的管理职能，提升了财务报告质量，加大了审计主体与客体之间沟通会计问题的频率和深度，有效防止了监管者与被监管者彼此脱离。财务报告审查委员会（FRRP）在提升英国会计准则执行效率方面发挥了核心监管的作用。

在英国政府主导、职业团体自律监管模式中，从监管主体来看，监管主体是政府和会计职业团体。两个主体的监管范围与重点各有不同分工，职业团体在监管会计信息质量、检查会计活动规范性等方面发挥的作用较大；政府着重进行监管制度设计和监管职业团体的行为。从监管客体来看，会计职业团体的监管客体包括各个企业内部依照会计准则要求开展的相关会计活动及会计人员行为；政府的监管客体是依法行使的会计行为和归属于证券交易所管辖的上市公司会计活动。

4.1.2　英国会计监管模式的特点

英国以政府为主导，行业自律的监管模式能够充分发挥政府与职业团体组织的监管作用，既不失政府管制，又能使行业发挥自身优势。一方面，能够及时察觉行业发展过程中带来的新问题，通过调整行业监管标准，及时解决问题，提高整个行业的抗风险能力。另一方面，会计职业规范以保护全行业整体利益为目标制定，极易获得全行业的拥护、认可和遵守。

4.1.3 英国会计监管模式存在的缺陷

尽管英国的监管模式已有近百年的历史，但在发展过程中仍然存在着缺陷。行业自律组织看似独立，但与政府又存在千丝万缕的联系，行业自律组织离不开政府的认可和授权，只有得到政府的支持才能使会计行业内制定的会计规范得到法律认可，被社会接受，并广泛使用。从英国政府会计监管体系的未来发展看，政治附属性是会计行业自律组织参与英国会计监管活动的主要障碍。

4.2 美国政府会计监管机制

4.2.1 行业自律主导的会计监管模式

美国的市场化程度很高，在长期的会计监管实践中逐渐形成了符合美国国情的“行业自律主导、政府有限介入”的会计监管模式。该监管模式的主体是由美国注册会计师协会（AICPA）、州注册会计师协会（SSCPA）以及代表政府有限参与行业监管的证券交易委员会（SEC）和州会计事务委员会（SBA）等机构组成。行业自律监管模式以相关法律规范为依据，由政府和会计职业团体双方相互进行博弈并协调而形成的，极大地推动了美国财务报告制度的发展与完善，使美国会计监管模式受到世界范围的认可和推崇。

1. 行业自律为主

AICPA 与 SSCPA 在行业自律监管中发挥着至关重要的作用。AICPA 是美国注册会计师的全国性职业组织，是实施行业自律的核心；SSCPA 与 AICPA 之间并无隶属关系，两者相互独立；两者的职责也不相同，如表4－3所示。AICPA从成立至今一直致力于完善行业自身管理，为实现行业自律作出了重大贡献；虽然SSCPA与AICPA没有上下级关系，但能够增加AICPA的影响力，有利于行业的自律监管。

表4－3　　行业自律各机构的主要职责

监管模式	机构	主要职责	管理对象
行业自律为主	美国注册会计师协会（AICPA）	制定审计和职业道德的相关规定；监管注册会计师及会计师事务所；管理管理执业资格；协调政府和立法机构的关系	注册会计师以及会计师事务所
	州注册会计师协会（SSCPA）	制定各州的会计职业规则，管理各州注册会计师	注册会计师
政府介入为辅	证券交易委员会（SEC）	监督管理证券交易活动，对注册会计师行业进行监管	注册会计师行业
	州会计事务委员会（SBA）	认定注册会计师执业资格，对个人不当执行进行惩戒等	注册会计师个人

资料来源：由笔者总结绘制。

2. 政府介入为辅

证券交易委员会（SEC）与州会计事务委员会（SBA）是代表政府有限参与会计监管的机构。SEC是隶属于美国联邦的独立准司法机构，负责依据证券交易法令设计和制定证券法规，对注册会计师行业进行监督管理。SBA是各州政府监督管理注会行业的行政机关，管理注册会计师的个人事务。两个机构主要职责有所不同，具体如表4－3所示。证券交易委员会的管理理念侧重于事前禁止，不赞同事后惩罚，所以非常推崇行业自我监管。证券交易委员会（SEC）采取以间接监管为主、直接监管为辅的监管方式对注册会计师行业进行监管。SEC的监管目标是维护广大投资者的公共利益，努力减少社会公众利益受到损害。

4.2.2　新型会计监管框架：公共管制模式

1. 公共管制模式的产生背景

多年来，美国注册会计师协会是监督注册会计师审计活动的行业自律组织，与会计师事务所来往频繁、关系密切、利益盘根错节，在诸如资金来源、人员安排、技术支持等方面，屡次受到社会外界的质疑。尤其是发生安然事件以后，美国注册会计师协会面临前所未有的信任危机，社会各行各业对美国实行的“行业自律”会计监管模式产生强烈不满，瞬间成为社会关注的焦点。

多起会计造假事件的背后证明了美国行业自律监管机制存在内部缺陷。美国证券交易委员会（SEC）主席哈维·皮洛特（Harvey · Pilot）多次强烈批评安然财务舞弊事件，倡导建立更加权威、更具有独立性的监督机构，加强对注册会计师审计独立性与审计质量的监督。美国参众两院迅速就此类问题进行探讨，寻找解决问题的方案，弥补制度上的漏洞。美国国会于 2002 年 7 月 25 日通过了《萨班斯—奥克斯利法案》(《SOX 法案》)①。

2. 公众公司会计监督委员会

美国颁布的《萨班斯—奥克斯利法案》规定了一项重要内容：成立一个独立的会计监督机构——公众公司会计监督委员会，简称 PCAOB。PCAOB 的一项重要职责是监管注册会计师的行业活动和注册会计师的个人行为。公众公司会计监督委员还拥有其他职责，像审计制定权、会计师事务所注册权、会计师事务所监督权以及会计师事务所调查与处罚权等。除此之外，还可监督公开发行股票的上市公司审计活动与相关事项，保护外部投资者与社会公众的群体利益。

按照《SOX 法案》的规定，公众公司会计监督委员会行使注册会计师行业的监管权，这与以往注册会计师行业的自律机构对注册会计师进行监管所不同，这一规定使得会计行业的监管权发生了由行业自律组织向行业外部独立机构的转移，形成了会计监管的新模式：公共管制模式。

4.2.3 公共管制模式存在的缺陷

在公共管制模式下，根据《SOX 法案》成立的公众公司会计监督

---

① 2001 年，美国安然公司被曝从 1997 年以来，累计虚报利润 5.86 亿美元，公司内部管理人员粉饰了大量的不良信息，并谋求私利。此事带来了美国资本市场的动乱不安，《SOX 法案》应运而生。该法案的目的在于，通过法律手段来约束企业的实际执行和责任管理，并对企业财务状况的公开性进行及时修复和增强。该法案加重了违法行为的处罚措施。

委员会（PCAOB）的成员构成来看，大多数成员来自非会计职业，非会计人员对专业性较强的会计活动进行监管，不可避免地会有漏洞和误差，能否达到新公共管制模式的预期效果，有待进一步验证。

4.3 日本政府会计监管机制

4.3.1 政府集权的会计监管

日本大藏省证券局成立于1964年6月，是日本大藏省的下属机构，主要负责证券市场的监督管理，公司会计审议委员会是具有政府性质的会计制定机构。政府集权式会计监管体系协调了证券市场与会计准则实施之间的关系，发挥了由政府集中统一领导的优势，但也赋予大藏省太多权力，使大藏省成为集财权与金融权于一体的垄断者。

4.3.2 “一厅一会”的新型会计监管框架

1. 金融厅

自1996年以来，日本国内出现了严重的经济泡沫，日本政府对证券市场的管理模式进行了改革，成立了金融监督厅（后更名金融厅），将金融市场监管权（以及后期移交的会计准则制定权）从大藏省的职能中分离出来，金融监督厅与大藏省成为平行的政府机构。日本政府与金融厅在较短的时间内推出了众多会计核算方法，并积极推进未来会计准则和制度与国际会计准则相一致，至此，旧的会计信息披露制度受到很大的影响，进而引发了所谓的“会计风暴”。

2. 财务会计基金会

2001年7月26日，在金融厅批准下，日本政府公布成立制定会计准则的机构，包括民间性质的财务基金会（FASF）和所属的会计委员会，两者的分工不同，职责也不同（财务基金会与会计委员会的分工职责详见表4－4），但金融厅拥有对会计准则的最终决定权。日本注册会计师协会是民间会计职业团体，可以宣传说明金融厅发布的会计准则，也可以解释规则、发布指南，由此可见，日本的会计监管模式基本遵循了美国的模式。

表4-4　　财务基金会与会计委员会职责

机构		主要职责
财务基金会	理事会管理	负责筹集资金、人事管理及财务会计基金会日常运作
	受托人管理	挑选理事会成员、审计及提供咨询，财务会计基金会采取会员制
会计委员会		独立地制定会计及应用指南，但其活动将受到财务会计基金会监督

资料来源：由笔者总结绘制。

4.4 德国政府会计监管组织机制

证券市场的发展程度是会计监管的重要推动力。德国证券市场的规模与社会发展程度相比明显滞后，尤其是股票交易市场，企业的筹资融资方式主要通过银行、政府以及民间资本投入。德国证券市场的监管机构是由联邦证券监管局以及交易所所在的州政府，而且只对上市公司的财务报告进行形式审查，没有实质性审计。德国的法治化程度很高，通常利用法律来解决经济问题和协调经济关系。因此，德国的会计监管模式是半独立的，监管模式通过立法程序认可，以政府为主导。

4.4.1 政府主导的“法典化”监管

德国于1985年、1990年、1994年分别出台了《会计指令法》《银行会计指令法》《保险指令法》，会计原则在出台的一系列法律法规中得以体现，并协调所有的公司会计法规。在德国颁布的《商法》中包含了绝大多数的会计准则、审计准则和披露准则，使与会计相关的规定具有很强的法律性和强制性。同时，会计人员普遍采用的会计程序和处理方法也逐渐成为公认会计原则，并在《商法》中有所表述。在德国，与会计相关的权威性法规主要有:《股份公司法》《税法》《商法》《公开法》《有限责任公司法》等。

德国的权威性法律法规构成了监管会计信息披露的基础依据，在这些法规中充分体现了对会计信息披露的要求随着企业的法律形式和规模的不同而变化，打破了以往按“上市与非上市”来划分的传统分类，使会计信息披露呈现多层次的特点。德国政府将《商法》《公司法》和《税法》中的详细准则进行分散化管理，以此实现会计监管的目标，被称为“法典化”监管模式。该模式的监管主体为政府和立法部门，监管客体是企业内部的会计活动。

近些年，利益相关者要求企业披露更多对决策有用的会计信息的呼声越来越大，德国会计理事会于1998年设立了德国会计准则委员会(GASC)，由两个管理委员会、两个常务委员会组成。德国会计准则委员会的主要目标是：协调会计准则的国际化；对会计准则的制定形式提出书面建议；为制定会计规定提供相关的法律咨询。

4.4.2　德国“法典化”监管模式的特点

德国强调司法管制，监管主体是司法机构。德国对会计信息披露的监管体现在国家立法层面上，会计制度和实务也深受公司法和税法的影响。企业披露的会计信息是企业纳税的依据，企业依照商法中规定的式样编制税务报表。

4.4.3　会计监管模式存在的缺陷

强制性和权威性是德国“法典化”会计监管模式的特点，以相关法律、规章等作为会计活动合法化的准绳和判断依据。与英国、美国不同，德国的会计监管主体中会计职业界参与度较低，会计活动缺乏完整、系统的实务指导和解释，会计体系缺失实务部分，致使整体系统失衡。随着会计准则的国际化以及企业的跨国全球化经营，“法典化”的会计监管模式由于缺乏活力和存在的弱点，将严重阻碍德国国内企业的未来发展。

4.5 法国政府会计监管机制

4.5.1 政府主导的会计监管

法国政府在会计监管中发挥了重要作用，具有权威性和主导性。法国财政部设立的国家会计委员会（CNC），负责制定会计事项的规章制度、建议的发布和现行计划的维护，对需要监管但无权制定和执行的会计事项提供咨询服务，但所有决策和修订建议都要经法国财政部批准，这与英国、美国等国家的行业自律组织模式呈鲜明对比。1998 年，法国成立会计标准化委员会（CRC），成员由国家任命或政府官员（8人）、企业和会计职业代表组成，主要负责批准和颁布企业的各项会计准则，将 CNC 的规章制度和意见转化成具有法律效力的规章制度，实现会计规范化管理和会计活动的合法合规目标，这也说明政府具有会计制度批准权。法国的各项会计规范均以法律法律条文的形式体现，分散于《商法》《公司法》的相关条例中。

在法国传统会计监管中，会计与审计是分离的。法国公共会计师协会（OEC，会计师职业团体）是与政府相独立的职业机构，其团体成员（注册公共会计师）负责处理法国公共会计事务。国家法定审计师协会（CNCC，独立审计人员协会）在司法部的管制之下，职责是公布专业审计意见、审计人员职业道德规范约束、审计控制（财务审计和管理审计）和审计准备、实施、终结程序手册编制，会计和审计职业组织具有是半官方性质，监管会计活动主要是为了检验上市公司的会计核算的真实合法性。

《会计总方案》（PCG）是统一的会计制度，由国家会计委员会（CNC）制定，法国财政部于 1947 年颁布。《会计总方案》（PCG）自颁布以来经历多次修订。PCG 是会计法律体系中其他相关法律的制定基础，是财务会计和报告的核心，是规范管理会计行为的主要指南。

4.5.2 新型会计监管框架：两新四旧共治

美国安然事件和《SOX 法案》颁布后，欧盟委员会（CEC）深受启发，提出要依法建立新型会计监管模式。法国作为重要成员国之一，对此认可并立即付诸行动，2003 年 8 月 1 日颁布《金融安全法案》，并依此法成立了金融市场权力委员会（AMF）和审计师高级理事会（HCCC）两个新机构，对公众投资者投资的所有企业实施监管并承担审计工作。证监会（COB）、审计师协会、企业活动协会和企业家协会等机构迅速行动，立即开始补充和完善法国的会计法规体系。

金融市场权力委员会（AMF）和审计师高级理事会（HCCC）共同对会计职业界监管。金融市场权力委员会是由原来的“证券监管委员会（COB）”和“金融市场理事会（CDMF）”合并而成，是独立的具有法人资格的公共权力机构，对金融市场进行监督，主要任务是保护公众投资者利益，AMF 的市场监管权力最大。审计师高级理事会的职责：甄别和促进审计实践规范化发展；鉴定和推动规范的审计实务；判断审计人员定期审计的方向和框架，追踪和检查审计人员的执行情况；介入审计投诉和法律程序。

在经历了安然会计舞弊事件后，法国证券监管委员会提出四点要求：第一，强调提升审计的独立性，在必要的法律基础上不得违背法律法规的相关规定；第二，审计服务与咨询服务分离，不能是同一家公司；第三，要在公司内部设立审计委员会；第四，主审审计师实行轮换制度。

法国审计师协会是审计师职业团体组织。首先，其强调了国家对审计工作及审计组织进行干预。其次，职业界人士提出建立审计独立性的相关规则，以提高审计工作独立性。最后，承诺遵守从事审计活动的道德规范避免出现利益方面的冲突。

企业活动协会和企业家协会作为与企业密切相关的两大组织，在法国市场经济发展、企业整体文化、企业各环节活动等方面皆发挥着不可或缺的作用。企业活动协会和企业家协会关注企业如何实施有效治理、企业内外部审计以及职业操守对企业所产生的作用，以提高企业会计处理和会计信息的真实可靠性。

从对会计以及会计监管模式的相关研究来看，法国政府通过各种方式（直接方式、间接方式）监督管理会计活动及会计人员行为，体现了会计监管中政府的主导作用。

4.5.3 法国会计监管存在的缺陷

与其他国家相比，法国高度集权的会计监管模式的最大特点是具有严格统一的标准，极大提高了会计监管效率，提升了会计信息的价值和可比性，满足了国内外投资者的会计信息需求。但是，部分学者提出《会计总方案》将会计变成了教条主义的会计，使政府过于刻板，拘泥于此，缺乏活力和创新。

综上所述，英国、美国、日本、德国、法国的政府会计监管各有特点，各自的监管重点也不同，总结如表 4-5 所示：

表 4-5　　西方各国的政府会计监管

	模式	内容	特点	缺陷
英国	政府主导、职业团体自律	主导改革和法治建设，建立独立监管框架	既有政府管制，又能使发挥行业监管优势	行业自律组织缺少独立性
美国	行业主导、政府有限介入（2002 年前），公共管制模式（2002 年后）	监督管理注会行业和证券交易活动	会计监管权由行业自律组织向外部独立机构转移	非会计人员参与会计监管，缺乏专业性和权威性
日本	政府集权，“一厅一会”模式	协调证券市场与会计准则关系，财权与金融权集于一体	积极推进会计准则的国际化	权力过于集中
德国	“法典化”监管	会计制度在一系列法律法规中体现	会计监管法治化	缺乏实务指导，监管缺乏活力
法国	政府主导、两新四旧共治	批准和颁布会计准则，管理会计活动的合法合规	标准严格统一，监管效率高，会计信息质量高	刻板，缺乏活力和创新

资料来源：由笔者总结绘制。

4.6 对我国政府会计监管的启示

综上所述，世界各个国家对政府会计监管都非常重视。随着世界经济全球化的不断推进，中国经济与世界经济将更加深入融合，我国实施会计监管也需要考虑国际环境因素。本章通过梳理当前最为成熟的英、美、日、德、法五国的会计监管体系及作用机制，提出如下启示。

1. 建立较为严密和完善的政府会计监管体系

政府会计监管体系是一个有机整体，各部分之间存在着相互联系、相互制约的关系。“整体大于部分之和”，即强调整体的重要性。如果会计监管缺乏整体系统性，那么各监督部门之间就不存在有效结合，缺乏协调性，导致政府会计监管不成体系，监督的整体功能大打折扣。因此，各监督部门应从整体功能出发，明确分工，协同合作。上述几个国家，均建立了较为严密和完善的政府会计监管体系。由多个部门按照“分工具体，明确职责”的原则从多角度进行监督，相互配合、形成合力，又相互监督、形成制约的良性循环。

议会负责审查政府预算草案，对预算资金的合法合理性充分行使预算监督审查权。财政部门突出管理属性，围绕资金管理活动开展监督。审计部门以事后的监督检查为主，重点关注资金的使用效益和监督对象的管理水平。各国还重视社会监督，通过新闻媒体和社会公众等加强监督，通过以上几种监督形式的协调配合，形成了多主体、全覆盖的财会监督体系，体现了会计监督权力之间的相互制衡，避免了出现监督不公行为，有力维护了财经秩序，促进了经济社会的较快发展。我国政府会计监管也应按照“分工具体，明确职责”的原则优化会计监管体系，从多角度相互配合，形成合力并能相互制约的良性系统，只有各政府会计监管部门各司其职、协调统一，才能发挥整体的作用。

2. 建立完善的政府会计监管法律体系

西方发达市场经济国家会计监督的最大特点就是十分注重监督的立法。用大量的法律、法规来规范政府会计监管行为，使会计监督有完备的法律法规为依据，做到有法可依，并依法行使监督职责，体现出法律的约束力很强、权威性很高。

我国要从顶层设计、法律层级的角度，尽快出台相对完整的权威性法规对政府会计监管的内容、方式、程序、地位和作用等作出详细的规定，对会计监督的职能和权限，以及会计监督、审计监督和其他主体监督之间的分工协作加以科学界定，从而真正做到依法监督、依法行政。

3. 社会监督是整个监督体系的有效补充

西方国家的会计监督普遍公开透明，并接受社会监督。社会舆论可以及时反映公众对政府会计监管的态度，这对促进会计监督的准确性具有重要作用。新闻媒体能够及时反映会计监督中发生的公共问题，尤其是一些敏感或政府还未察觉的财会治理问题，通过媒体的发掘并公之于众，督促政府对这些财会问题进行调查、问询、处理，发挥了社会监督员的作用，提高了政府会计监管的效率，成为财会治理不可或缺的力量。美国国会在预算决议案的形成过程中，会征求社会各界的意见，且整个过程完全公开。同时，法律对联邦预算的编制和执行全过程也规定必须向公众公开，接受社会公众的询问。日本社会公众对违规资金活动可以进行诉讼，各级公共部门的财会活动都受到社会监督。

我国在政府会计监督中对发挥社会舆论监督作用不够，应该进一步重视并提供社会公众和新闻媒体参与会计监督的渠道，鼓励社会公众和媒体对会计监管积极参与、建言献策。

4. 强化政府会计监管的目标性和灵活性

以上几个西方国家都严格按照既定目标进行相关会计监督，把会计监督成果的运用作为维护政府会计监管严肃性、提升财会管理水平的重要步骤。目标是一项活动的出发点和落脚点。建立科学系统的监督体系和监督模式，完善监督实施机制，必须从目标出发，要明确政府会计监管体系的目标，各国政府会计监管部门实施的监督活动都发挥了以目标为导向的监督职能。各国会计监督部门在执行监督的过程中，为了实现目标都充分使用控制的手段及措施。如果政府会计监管体系目标无论是整体还是各个部门都可以实现的话，则说明设定的监督体系是有效的。此外，会计监管体系还需具有灵活性。灵活性表示在出现突发情况时，会计监督部门的监督工作能够随机应变，处理得当。高效的监督体系要充分考虑到灵活性的因素，以便在任何市场状况下，都能够保持监督体系的有效运行。要实现监督活动不受市场经济紧急状况或其他不可抗力的影响，灵活性是必须具备的特性之一。

构建我国系统、合理、有效的政府会计监管体系，应从实际出发，注重社会经济发展状况与国际经验相结合，符合我国的国情，且与未来财会发展方向一致，避免政府相关部门制定的会计监督制度滞后于经济发展的速度，影响财会领域的深化改革。

第5章 国家治理框架下政府会计监管的内涵

5.1 国家治理与政府会计监管

5.1.1 国家治理

1. 国家治理的内涵

“治理”是制度与社会的互动，是对各种因素进行权威性的控制、管理和影响。国家治理是治理理论在国家事务管理中的应用，运用政治、经济、行政等公共权力来管理国家有限资源和社会事务，用相应的制度引导和规范各行为主体的活动。政府治理是国家治理的核心问题，在界定市场、政府、社会权力边界的基础上，形成三者相互制约、相互支撑的协调治理框架，即一是在尊重社会权利的前提下获得更多资源；二是在激发市场活力的同时保持秩序稳定。在经济领域中，国家治理通常把政府权力让渡给市场，使市场在资源配置中起决定性作用。

2. 国家治理主体

“国家治理”也可以理解为“治理国家”。在党的十九大报告中提出的国家治理现代化是解决国家的均衡建构问题，建立包容性的政治经济体制，以及一套紧密相连、相互协调的国家制度等，包括政治、文化、经济、社会、生态文明和党的建设等各领域的体制、法律等制度安排和体系，形成面向人民参与治理的国家善治，具体包括权力运行、资源整合、机制创新、绩效评价等内容。

在国家治理理论中强调治理主体的多元与协同，是指众多的主体如政府、社会组织、公民等相互承认彼此的治理权利和地位，协商建立共同遵守的竞争与合作原则，共同提供社会公共服务、解决社会公共问题，促进社会持续协调发展。现代化治理主体是多元的，党、政、企、社、民、媒等都要参与到国家治理中，但各主体不是孤立和同质的，而是有现实区别的，不同的治理主体在国家治理体系中发挥的作用不同。各主体都有自身独特的参与社会治理的能力，但却没有足够的能力和资源独立解决所有社会问题。为使制度更加科学、完善，使治理活动制度化、规范化、程序化，国家主导是实现这一目标的基础。在任何一个治理体系中，治理主体面对各治理环节和要素时不能实行“平均主义”或“平等主义”的价值排序，也不能削弱国家在治理体系中的主导地位和引领功能。因此政府作为国家治理的“特殊”主体，在与其他主体良性互动的过程中以平等为基础，强调对话与协作，体现民主与法治，接受其他主体监督，建立合作伙伴关系。多主体协同治理框架下的国家治理权力向度是多元、互动和发散的，通过政府、市场与社会的相互协调和多元共治，有效应对日益增长的复杂、多样、动态的社会问题，在有效配置有限资源的同时，实现增进社会公共利益、维护公共秩序的双重目标，满足社会成员各种异质性需求。

3. 国家治理体系

国家治理体系是运用一系列政治、经济等制度安排和具体技术手段实现治理目标的综合体系，是国家治理理念的执行机制。涉及经济、政治、文化、社会等领域；制度形态包括“体制”“法律法规”“制度”“制度体系”，国家治理体系包含结构和关系两个维度，即各项制度组成的结构和不同制度间按照一定秩序形成的内部联系。两个维度中，结构维度在前期研究较多，多从“政党”和“科层组织”的视角分析，有依赖式结构和柔性结构之分。关系维度是从动态视角研究国家治理体系中各个制度要素之间的关系问题。由于治理结构的多样化，使制度要素在不同的治理结构中位置和效能各有不同，在治理结构分割的空间里，制度要素出现多种组合，形成了各种各样的要素关系。理顺国家治理体系的要素关系是机构改革、转变职能，这就急需解决治理主体与客体之间、治理手段与治理目标之间的匹配、秩序、合法和有效性问题（见图5-1）。

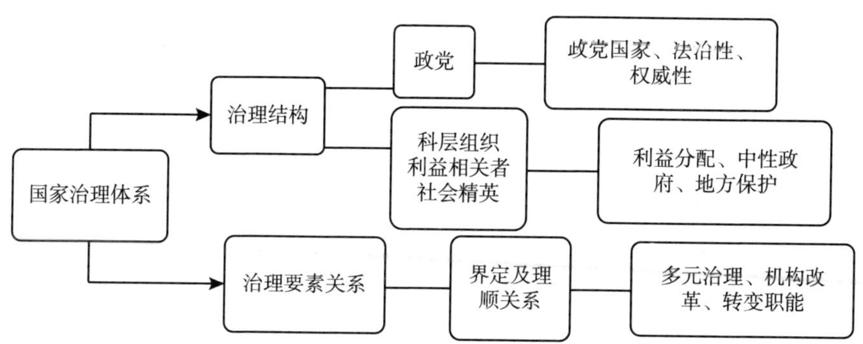

图5-1 国家治理体系维度

国家治理体系进程中需要有效破解两大问题：一是治理体系优化过程中的合法性问题；二是治理体系在国家逻辑层面上的能力性问题。合法性与能力性在功能逻辑上交织而行，合法性彰显规范力，能力性确保执行力。国家治理体系中合法和能力是发挥治理体系作用的保障，既通过构建符合现代国家治理要求的法律逻辑来实现国家治理体系的合法性，又能够打造能力层面的国家治理行动，有效输出和良好的绩效评价，最终实现社会层面的公平正义。

合法性作社会公众对国家治理体系中的国家权力、秩序和能力的“认同”或“同意”。这种“认同”或“同意”表现出国家与社会之间的一种信任关系。信任关系贯穿于国家与社会之间，成为治理体系合法性进程的主线。因此，信任是建构现代国家治理体系的重要因素。现实中，信任缺失是构建国家治理体系的最大障碍。能力性是国家治理逻辑体系中的核心指数，主要包括治理能力和担当能力。这种治理职能和使命担当表现为治理主体的领导力、动员力和凝聚力，也是国家治理能力的总量和质量不断增长和提升的过程。国家治理能力的总量及质量反映出国家治理体系、社会与国家关系的文明程度。

现代社会处于复杂的生态环境中，每个微小变化都可能引发整体的波动，传统的局部性、“救火式”的治理结构已无法适应新的治理环境，因此，在国家治理体系构建中提高治理能力成为重中之重。在国家治理体系道德实践中，表现为“治理体系与现代国家构建体系为什么可以融合”与“治理体系与现代国家建构如何实现”两大理论探索。

在多元治理、分散治理、差异化治理理念的基础上提出伙伴关系的治理结构，即复合式治理结构，以期提升政府治理的整体绩效。复合式治理结构是对传统单一治理制度的超越，是多种治理制度和机制的整合，既包括政治制度、经济制度、社会制度，也包括政策的制定、执行和评估。各种规则和系统相互配合、相互支持并实时调整，最终实现所有层次和领域的良善治理目标。1996 年，世界银行①建立了衡量国家治理能力的指标评价体系，包含三个层面：一是“理念”层面——国家治理结构体系的目标；二是“政策”层面——各领域的制度安排；三是“操作”层面——先进高效的技术手段。经多次修改，最终确定六大类国家治理绩效评价的指标：话语权与问责（voice & accountability），政治稳定性（political stability），政府和制度效能（government & polices effectiveness），规制质量（市场竞争程度）（regulatory quality），法治（rule of law），遏制腐败（control of corruption）。

5.1.2 会计在国家治理中的作用

我国著名会计学家杨时展教授说过：“天下未乱计先乱，天下欲治计乃治”，充分诠释了会计与国家治理的关系。会计是提升国家治理能力的基础，是经济决策和社会管理的重要依据。会计治理是国家治理体系的重要组成部分。美国次贷危机以后，20 国集团领导人达成共识，共同建立高质量的国际通用会计准则，肯定了会计的核心治理作用。会计参与国家治理主要体现在经济秩序和社会秩序两个方面：

1. 理顺经济秩序

理顺经济秩序一直是以政府与市场的关系为主轴的，也是国家最早着手理顺的关系。理顺经济秩序离不开“分配”二字，初期是理顺企业的内部分配关系；在“八五”计划时期，重点解决“收入悬殊”的问题；直到当前“再分配注重公平”的提出。理顺经济秩序是一个系统工程，是制度演变和制度联结的动态过程，良好的经济秩序是国家治

① 世界银行（World Bank），在 1945 年成立于美国华盛顿，是联合国专门的多边发展机构，在政策舞台上扮演着非常重要的角色。成立世界银行的目的是通过给发展中国家提供贷款，有更多获得投资的机会，进而发展经济、减少贫困，提高发展中国家的经济、环境及生活水平。世界银行的成立，对发展中国家的进步、国际贸易均衡发展具有十分重要的意义和作用。由五个成员机构组成。

理体系现代化的特点和标志。

一是在优化配置稀缺资源时，政府把权力让渡给市场，使市场在资源配置中起决定性作用，财务状况、经营成果和现金流量等会计信息影响着市场行为和决策、资本流向和配置，最终影响着国家宏观经济结构。

二是会计涉及国家、社会、公司治理等多个层面，从微观到宏观，为了准确、有效地反映和控制经济活动，众多利益都需要会计的确认与计量，会计的基本职能在完善这些经济制度的同时也推动了会计改革，即应用的微观和制度的宏观：将应用层面的微观效应通过社会乘数①使不同因素（政策）之间的相互影响成倍扩大，最终实现经济制度目标与经济秩序的匹配。

三是利润、税收、职工薪酬等会计信息反映了投资人、政府、公众三者之间的经济利益分配关系。在理顺众多经济关系中，既有外部关系的理顺，如国家与企业的关系、价格关系等，也有内部关系的理顺，如收入分配关系、集体利益与个人利益平衡等，其中收入分配关系是关注的重点。在会计治理下，公平合理的利益分配有助于经济秩序优化、缩小收入差距。

2. 稳定社会秩序

在新的政治经济环境下，国家治理体系中一些重要因素之间的关系发生了变化，政府从“生产者”变成“投资者”，再到“选择者”，最终成为“参与者”，每次身份的变化都对社会秩序产生重大影响。稳定的社会秩序是避免国家治理结构破裂，追求社会秩序的平衡而不是最优。其中的影响因素很多，到底“怎么选、选谁”值得进一步研究。国家治理在获得更多经济资源的同时要保持社会秩序的稳定，其中会计发挥的治理作用日益明显。

一是现代社会处于复杂的生态环境中，每个微小变化都可能引发整体的波动，良好的社会秩序得益于多种治理制度的整合，其中包括会计制度。会计制度与其他各种规则和系统相互配合、相互支持并实时调整，最终实现良善的社会秩序。

① 社会乘数是一种宏观的社会效应，是指社会活动中某一变量的增减所引起的总量变化的连锁反应程度，以乘数加速方式引起最终量的增加，社会乘数效应是制定宏观政策要考虑的因素。

二是规范的会计行为有助于国家治理目标的实现。国家治理框架下，会计监督职能在传统职能的基础上增加了以下两层含义：一是服务职能——将社会公共利益作为会计监管的宗旨；二是引导职能——配置和运用公共权力规范会计行为，引导会计行为更加理性化和责任化。

因此，会计治理是国家治理体系现代化的重要内容，将会计的治理功能恰当地融入其他领域的治理机制中，推动国家治理活动的协同有序运行。会计治理改革要以提升国家治理能力为落脚点，以稳定社会和经济秩序为最终目标。

5.1.3 国家治理与政府会计监管的含义

监管是指在一个组织中决策、实施控制和评估绩效的权力分配体系。美国联邦会计准则咨询委员会（FASAB）在成立不久后便公布四大目标：预算诚信、运营业绩、经营责任和系统监管。引用政治学家卡尔·多伊奇（Karl Deutsch）的观点：政府具有多样化的、复杂的治理结构。会计体系实际是政府的神经系统之一，会计是政府财政管理的核心和控制重点；合格的政府会计体系能够保证政府财政的准确性，良好的政府会计体系指引决策者和管理者去关注有问题的领域，最佳的政府会计体系为决策者提供有用的信息。将会计监管与政府绩效以及终极社会目标联系起来能够促进社会的经济发展和进步。政府绩效目标的实现得益于对会计行为的有效监管。

在我国，会计治理一直是政府和学术界关注的热点。治理问题是在效率与接受之间的权衡和博弈。从美国政府会计准则委员会（GASB）和美国联邦会计准则咨询委员会（FASAB）的发展历程来看，会计监管是专业、经济、政治三方利益的微妙博弈协调。如果能够保持这种利益上的平衡，会计监管体系就会继续执行下去；如果有一个或多个的利益相关者希望改变当前的利益分配模式时，平衡就会被打乱，潜在的矛盾开始暴露出来，冲突也随之而来。美国在某些特殊时期也面临会计治理危机，政府的长期财政赤字反映一些深层次的利益矛盾。因此，会计行为治理有利于保持会计体系的稳定性，提高政府的行政绩效，维护经济秩序的有序性。

会计活动是国家治理的内容，国家治理的需求决定了政府会计监管的产生，国家治理的发展决定了政府会计监管的优化，国家治理的目标决定了政府会计监管的方向。随着国家治理的深化，政府会计监管被赋予新的内容、新的重点、新的手段。政府会计监管应主动适应国家治理模式的变化，从协同、整体的视角重新界定政府会计监管的目标、内容等基本内涵；分析会计监管制度在国家治理中的地位、作用以及监管有效性；探究政府会计监管行为在会计与政治之间的微妙平衡、政府会计监管与国家治理的内在逻辑关系。

政府会计监管目标与国家治理目标一致，从传统的监督目标向治理目标转变，实现会计治理行为的公共性、治理主体的多元性、治理方式的多样性、治理过程的合法性，监管资本市场的运行，保障市场竞争的基本秩序，防范政府失灵、市场失灵对多元主体利益的侵害，通过高效的合作机制提高政府会计监管的供给效率，确保会计信息质量，最终实现“会计善治”。

5.2 国家治理框架下政府会计监管的目标定位

在古希腊语和拉丁文中，治理（governance）的含义是控制、引导和监督等，本质上具有“治理国家，管理社会公共事务”的含义。从20世纪90年代，西方的政治学家和社会学家赋予了“治理”新的内涵，其中，比较有代表性和权威性的表述是联合国全球治理委员会对“治理”的解释。联合国全球治理委员会（1995）认为：治理是众多社会公共组织和私人个体按照约定的规则共同管理社会事务和公共事件。在社会事务管理过程中，治理在新时代被赋予了的新使命，运用各种制度安排（正式和非正式），调和不同利益群体之间的利益冲突、最终实现、协同一致联合行动。就治理的本质而言，联合国全球治理委员会认为治理是一种政府管理活动和动态过程，治理主体为处理好各种利益关系和制度诉求，运用手中的权力去控制、引导和监督各项利益交叉体复杂的社会群体活动，以期满足社会公众的制度需求、维持社会秩序稳定、增进社会利益均衡公正分配。

会计活动是国家治理的内容，政府会计监管的产生和发展适应了国家治理需求的不断提高，国家治理程度决定了政府会计监管的优化方向，国家治理的目标决定了政府会计监管今后的改革方向。随着国家治理的深化，政府会计监管被赋予新的目标、新的含义、新的手段。政府会计监管需要主动适应国家治理模式的变化，从协同、整体的视角重新界定政府会计监管的目标、职能等基本内涵；分析会计监管制度在国家治理中的作用和效率；探究政府会计监管行为在经济与政治之间的微妙平衡、政府会计监管与国家治理的内在逻辑关系。

5.2.1 政府会计监管的目标定位

推进国家治理体系和治理能力现代化是进行全面深化改革的目标。国家治理体系是制度体系，包括各个领域的体制机制、法律法规。国家治理能力是管理社会事务，使之相互协调、共同发展的能力。国家治理体系和治理能力是国家制度和制度执行力的集中体现，一方面治理体系和治理能力是一个有机整体，合理的治理体系和制度建设有助于治理能力的提高，另一方面高效的国家治理能力促进了治理体系的优化和效能发挥。国家治理理念和治理体系的转变为会计监督改革指明了方向。在这种社会背景下，政府会计监管改革要主动适应国家治理模式的变化，从协同、整体的视角重新界定会计监督目标、职能等基本内涵；探究政府会计监督行为在经济与政治之间的微妙平衡、会计监督与国家治理的内在逻辑关系。从本质上说，政府会计监管是纠正由于会计产品存在的“负外部性”① 而引发的市场失灵、经济秩序失灵。在新的会计环境中，旧的政府会计监管目标跟不上会计环境变化，不但无助于改善和监管会计活动，反而加剧和引发了更大的会计失灵，进而扰乱社会秩序。传统的政府会计监督目标是提高会计信息质量、强化行政监管和经济监督，反映了政府会计监督的责任性和经济性，未能体现新环境下会计监督应具有的公平、共治、秩序等特征。国家治理框架下的政府会计监督目标应从传统的经济监督目标转向社会治理目标，即体现政府会计监管的公共性和秩序性，以“增进公共利益、维护公共秩序、实现会计善治”

① 外部性是指某件事件的发生给其他人的福利带来影响，也称外部效应。外部性分为正外部性和负外部性，即某项行为或决策给他人带来收益或蒙受损失的情况，给他人带来收益的活动具有正外部性，给他人带来损失的活动具有负外部性。

为目标。这种新的监管目标又被称为“卡尔多—希克斯改进”，利益增进与利益调整并存。“增进公共利益、维护公共秩序、实现会计善治”是政府会计监管的终极目标，“资源配置高效、会计信息负外部性最小、体现公平分配”是政府会计监管的现实目标（王竹泉和毕茜茜，2008）。

国家治理框架下政府会计监管的目标呈现以下几个特点：一是公共性。政府会计监管的实质是运用公共权力调整多元利益主体的利益关系，维护公共经济秩序，促进社会持续协调发展。二是多元性。政府会计监管强调监管主体的多元化，政府、社会、公民等相互承认彼此的治理权利和地位，协商共同遵守的竞争与合作原则，共同提供社会公共服务、解决社会公共问题，建立合作伙伴关系。三是有效性。政府会计监管注重治理目标与治理机制之间的匹配与效率。复合式治理结构取代传统单一治理制度是多种治理制度和机制的整合，既包括国家的基本制度（如政治领域、社会领域、经济领域中的制度体系），也包括各项制度的制定、执行和评估。各种规则和制度体系相互配合、相互支持并实时调整，最终实现所有层次和领域的治理目标。

5.2.2　政府会计监管含义

本书认为，国家治理框架下政府会计监管的含义是以政府为主导、整合其他多元治理主体以增进公共利益、维护公共秩序为目标，依据相关法律法规对各种会计活动进行的监督、控制、管理和指导，进一步提高会计信息质量，保护社会公共利益，修补会计失灵。

通过政府会计监管目标的重新定位以及发挥会计治理行为的公共性、治理主体的多元性、治理方式的多样性、治理过程的合法性，进一步监管资本市场的运行，保障市场竞争的基本秩序，防范政府失灵、市场失灵对多元主体利益的侵害，利用高效的合作机制提高政府会计监管的供给效率，确保会计信息质量，最终实现“会计善治”。

第一，政府会计监管具有特定的监管主体。政府会计监管的主体是会计监管动态系统的有机组成部分，可以是政府职能部门、社会公众、特定组织等，即立法机关、司法机关、职能机构、利益团体、新闻媒体等。政府会计监管的主体具有以下特点：一是权限层级和管理范围不同，监管主体不同。不同权限层级和管理范围的人员监管不同层级的会计活动，政府会计监管主体呈现明显的层级性特点。二是不同监管环节，监管主体各异。会计活动的不同环节由不同监管主体实施监管，会计监管主体呈现出多样性特点。

第二，政府会计监管具有特定的客体。监管客体是监管活动的对象，会计活动中的各个动态环节都是政府会计监管的客体。在政府会计监管中，监管主体和监管客体具有交叉、重合的特点，主体与客体之间不是单一的监管与被监管的关系，有时会计监管主体也可以转化为监管对象，主体和客体二者处于复杂的网格互换中。

第三，政府会计监管是动态的活动过程，包括很多的功能环节，如控制、调整、监督、修正、差错探寻等，众多的功能活动环节构成了动态的监管系统。

第四，政府会计监管目标明确。传统的政府会计监督目标是提高会计信息质量、强化行政监管和经济监督，反映了政府会计监督的责任性和经济性，未能体现新环境下会计监督应具有的公平、共治、秩序等特征。国家治理框架下的政府会计监督目标体现政府会计监管的公共性和秩序性，以“增进公共利益、维护公共秩序、实现会计善治”为目标。

5.2.3 政府会计监管的职能转变

会计监督的传统职能是优化资源配置，维护经济秩序和监督资本市场，这是“市场决定资源配置”的有力保障。国家治理框架下，会计职能包含两层含义：服务职能——将社会公共利益作为宗旨；引导职能——配置和运用公共权力规范会计行为。即会计行为的理性化和责任化，通过调整社会关系和利益格局，在社会公众中公正分配政治权益（例如会计准则的制定、执行及评估等），防范政府失灵对多元主体利益的侵害，减少社会矛盾、稳定社会秩序。

5.3 国家治理框架下政府会计监管与审计监督

5.3.1 政府会计监管与审计监督定位

2017 年，习近平总书记在党的十九大报告中强调，“构建党统一指挥、全面覆盖、权威高效的监督体系，把党内监督同国家机关监督、民主监督、司法监督、群众监督、舆论监督贯通起来，增强监督合力”。[①]审计监督与会计监督长期以来存在辨析的复杂性，两者由于其在监督对象、内容、范围以及方式上的一些相似之处，在一定程度上为其部门执行职能带来了困扰。

2018年2月召开的党的十九届三中全会通过了《中共中央关于深化党和国家机构改革的决定》。《决定》中对政府会计监管和审计监督赋予新的定位，要求政府会计监管和审计监督各司其职，发挥最大效益，避免交叉重复，浪费资源，以及优化职能配置；提出政府会计监管和审计监督是我国经济体系中最重要的监督部门，需要肩负起监督国民经济运行状况的任务，在稳定国家经济发展，维持相关经济法规及政策，促进行政廉政建设等方面发挥重要作用。

2021年，国务院发布的《国务院关于进一步深化预算管理制度改革的意见》针对如何发挥财会监督、人大监督、审计监督等多种监督方式的协同效应提出了明确要求，该意见尤其强调应该充分发挥财会监督与审计监督的协同效应。

根据2021年修正的《中华人民共和国审计法》相关规定，审计监督主要是“以国家审计机关为主依法对有关国务院各部门、地方各级人民政府及其各部门、国家机关、企事业单位的财政及经济活动进行监督、鉴定和评价”。审计监督的内容包括：审计各级政府机关的经济计划、预算决算的编制和执行情况及财务收支状况，检查经济建设过程中的违法违纪行为；审查国有企业和重大金融机构财务状况、国家重大公共工程项目的资金使用情况和建设运营情况、生态环境保护情况、社会重要资金的收支情况等，实现对国家资金的合法性、真实性和效益性进行鉴定；对省部级党政主要领导干部及其他单位主要负责人实施经济责任审计和自然资源资产离任审计，实现权力的制约；同时，还要指导和监督内部审计工作，核查社会中介审计组织出具的相关审计报告。

① 习近平：《决胜全面建成小康社会　夺取新时代中国特色社会主义伟大胜利——在中国共产党第十九次全国代表大会上的报告》，人民网，2017－10－28. http：//jhsjh. people. cn/article/29613660。

5.3.2 政府会计监管与审计监督的相同（相似）之处

1. 基本目标相同

根据前文对政府会计监管作用的分析，可以看出政府会计监管和审计监督的基本目标相似。二者都是为了维护我国经济秩序的运行，净化我国经济市场的运行环境，通过监督的手段，维护我国经济市场的运转，确保经济市场能够在法律法规及政策规定下有序良性运行。

2. 检查形式相同

无论是政府会计监管还是审计监督，都要遵循我国法律法规规定的相关检查程序，因此，两者在检查形式都要遵循以下检查程序：（1）制订检查计划，成立专业的检查小组；（2）检查之前提前向被检查单位发放通知书，提前告知被检查单位此次检查的时间、内容、检查人员与方式（特殊情况除外）；（3）检查过程中需要通过对不同的行政隶属部门办理取证手续并取证保存；（4）检查之后需要书面描述、存档并如实向被检查单位反馈检查结果；（5）检查结束后需要在限定时间内完成检查报告并发放给被检查单位，同时传递检查报告征求意见通知单；（6）在完成送达检查报告和检查报告征求意见通知单的工作后，给出被检查单位的送达检查结论以及处罚通知书；（7）在给出处罚通知书后，向被检查单位，下达处罚决策等。

3. 检查对象相同

无论是政府会计监管还是审计监督都通过检查国有企事业单位国有资产使用记录、会计账簿、财政专项资金的使用等来作出判断。政府会计监管和审计监督在到达被检查单位实施检查工作时，都需要检查该单位的会计凭证、会计账簿、会计报表是否真实可靠，检查财务收支相关记录，以及确定被检查单位的资产是否存在、真实且合法。单一某个项目的检查结果并不能科学可靠地反映被检查单位的真实状况。因此，两者在具体的检查对象上基本一致，都要求检查原始凭证、会计凭证以及最终报表等。

4. 所依据的法规大多相同

无论是政府会计监管还是审计监督，在工作过程中都要需要严格遵守我国的法律法规以及相关政策，其中包含了很多通用的法律法规，例如：《中华人民共和国会计法》《中华人民共和国预算法》《政府采购法》《现金管理条例》《行政许可法》《行政处罚法》等。这些法律法规，虽然重复，但对于二者来说都是必须遵循的，除此之外，针对政府会计监管和审计监督也有其独有的政策。

5. 处罚的性质相同

政府会计监管和审计监督在完成检查之后，给出的处罚性质相同。两者在检查结束后，都会针对问题按照我国的相关法规下达处罚通知书，并且依据我国《行政许可法》和《行政处罚法》的规定，皆属于行政处罚。针对当事人或单位进行非行政处罚的，例如经济处分或其他更严格、更深入的处罚，必须移交相关部门进行处理，不可自行处罚。

5.3.3　政府会计监管与审计监督的不同之处

1. 概念不同

政府会计监管和审计监督，最重要也是最明显的不同之处体现在两者的概念上。学术界对于政府会计监管的定义可以概括为以下三种观点：

一是基于管制经济学公共利益理论的“干预论”。为了保护社会公共利益、纠正市场失灵的缺陷，需要政府的介入对市场进行监管，即政府会计监管，其定义为政府通过对会计工作的干预、管制来保证信息质量和市场的稳定发展。但这种观点仅仅在宏观的层面上说明了会计监管的必要性，想要取得高质量的会计信息仅靠外部的监督是不够的，若没有一个有效的内部监管机制，即使有高效的外部监管也无法取得理想的效果。

二是在经营权和所有权分离以及信息不对称的情况下提出的公正论。会计监管不仅仅是对会计工作的干预，还是降低信息不对称的有效方式，会计监管对企业的会计工作进行核查和监督，防止会计信息造假，从而发挥会计监管的公平、公正属性。现实生活中的公平公正实际是各个利益相关者都满意且社会收益最大、群体最和谐安定的状态。

三是在会计信息具有一定的经济后果的基础上提出博弈论。会计信息反映的财务数据代表的是背后各个利益相关者之间的财富分配和经济利益关系。会计信息的形成并不是简单的制定过程而是各利益相关者相互博弈的过程，最终形成的会计信息是经过讨价还价、协调兼顾了各个利益集团的最终结果。他们认为会计监管并不是简单地“干预”和“公正”，更主要的是为了弥补竞争市场的先天缺陷：私人利益与群体利益无法自主实现最优匹配，进而设计出让各方利益群体满意的制度。

根据《中华人民共和国审计法》的内容，审计监督是指“以国家审计机关为主依法对有关国务院各部门、地方各级人民政府及其各部门、国家机关、企事业单位的财政及经济活动进行监督、鉴定和评价”。

2. 监督主体不同

政府会计监管和审计监督的实施主体也存在区别，政府会计监管是以我国各级财政部门、证监会、国家金融监督管理部门、税务部门等为主体实施的监督活动，而审计监督则由我国各级审计机构实施。

3. 实施主体的隶属行政关系不同

政府会计监管实施的主体是各级财政部门监督机构或相关机构，由设置监督机构或相关机构的财政部门领导，各级财政部门归各级人民政府领导，上级监督机构对下级监督机构是业务指导关系。各级审计部门既要受上级审计部门的业务指导，又在受上级审计部门的领导同时受同级人民政府的双重领导。

4. 监督内容不同

政府会计监管执行相关财务、会计等法律法规和党中央财会工作的方针政策；评估预决算编制情况；承担监督检查会计信息质量、注册会计师和资产评估行业执业质量的绩效评价等。审计监督是由审计机关对国务院各部门和地方各级人民政府及其各部门的财政收支，国有金融机构和企业事业组织的财务收支，以及其他依法规定应当接受审计的财政收支、财务收支真实、合法和效益进行审计监督。

5. 监督对象不同

从概念上看，政府会计监管是对行政部门、国有金融机构和企业事业组织、会计师事务所、注册会计师等的监督，涵盖的监督对象包含了政府、国有企业等。审计监督是审计机关依法针对行政部门、国有金融机构和企业事业组织等进行的检查活动，其包含的主要是政府以及国有企业，不包含私人以及事务所等。

6. 监管方式不同

政府会计监管的监督是对会计活动和会计管理结果的监督，是管理中的监督、监督中的管理，是一种内部监督和服务监督，是管理全过程、动态的监督活动，主要侧重于事前和事中的监督。因此，政府会计监管包含了事前、事中和事后监督。它与审计监督最大的不同之处是：政府会计监管具有预警的功效，而审计监督基本属于事后监督。审计监督是外部监督和独立监督，是权力机关的监督，是会计活动管理完成后的后续阶段性、静态的监督活动，不具有预警的功效。政府会计监管与审计监督的关系如表 5－1 所示。

表 5－1　　　　政府会计监管与审计监督的关系

项目	是否相似	是否不同
基本目标	Y	
检查形式	Y	
检查对象	Y	
所依据法规	Y	
处罚性质	Y	
概念		Y
监督主体		Y
实施主体的隶属行政关系		Y
监督内容		Y
监督对象		Y
监管方式		Y

第6章 利益相关者的多元共治与监管最优模式

6.1 国家治理下的利益相关者

国家的治理主体是由政府、组织、公民等多元组成，这种主体的多元性打破了传统社会的同质性，在异质性的社会里，任何集权模式都已不合时宜，政府责任、市场平等、社会利益、公民权利缺一不可。会计监管是国家治理体系的一部分，国家治理主体结构的变化使会计环境发生改变，会计监管的治理主体要想在多元异质的环境中获取自身利益，就必须适应国家治理环境的特点，通过平等合作，实现共赢。因此，多元共治成为提高政府会计治理能力的关键，是降低会计治理风险的务实选择。

会计治理主体多元化要求在多元、协商、合作的基础上建立以政府为主导、多主体参与的主体结构及和谐的伙伴关系。治理主体之间的关系不是控制，而是协调；不是静态的制度，而是持续的互动。政府会计监管主体主要包括政府、股东、债权人、公众、社会舆论等利益相关者，他们都有充当治理主体的资格与能力，但任何单一主体的能力都是有限的，也不具有绝对的权威。这些主体的行为偏好经过博弈妥协、集体选择最终决定了具有政治性和经济性的会计监管原则和目标，影响着会计监管对维护经济利益公平、公正、均衡分配的贡献度，界定了政府与市场、政府与社会权力主体的边界范围。多元主体将平等、合作、协商、责任等价值元素融入会计监管体系中，一定程度上降低了政府会计监管的成本与风险。

在西蒙的组织理论中，所有的利益相关者都是重要的，这一理论对政府而言特别重要，回答了政府应对谁负责，这也是政府成为会计监管主体的最重要原因。对企业来说，股东的地位远远高于其他利益相关者，但对政府来说，对所有利益相关者都应一视同仁并保护他们的利益。利益相关者通过各自的游说和努力，对会计监管施加符合自己利益偏好的影响。一方面，其试图阻挠和反对不利于自身利益的会计监管方案；另一方面，极力争取制定和实施与自身利益一致的会计监管。

在会计监管的具体执行过程中，所有利益相关者的利益将得到分配和确认，所以对会计监管制度的执行效果格外关注。分析利益相关者在会计监管中的行为偏好对提高会计监管的效果，尤其对政府的监管是很有意义的。

6.1.1 政府

政府是最重要的会计监管主体，发挥了主导作用①。政府会计监管的实质是会计制度与社会的互动，是对经济利益中会计活动的效果作出的反应。为了维护社会公共利益，政府通过一系列法律法规等强制性手段对会计活动进行监管，敏锐地捕捉外部环境变化与会计监管效果之间的差距，及时作出调整，使之臻于完善。政府的偏好是公共利益最大化，为保护国家基本利益和社会经济秩序的稳定与持续发展，需要对企业、行政事业单位、金融机构等的会计行为进行监管。政府在会计监管中是“元治理”②，同时也有义务为其他利益群体提供表达自己愿望、保护自身利益的机会和渠道。政府向公众、债权人、媒体等重新配置公共权力，增加了会计治理的弹性和韧性，解决了多元主体之间的利益分歧和目标分化。政府权力的让渡不是国家制度的落后，不是政府失灵，而是促进了会计监管的社会参与度，减轻了会计治理的压力，满足了利益相关者的差异化需求。

---

① 武辉：《会计准则的动态周期过程研究》，经济科学出版社2013年版，第143页。

② 元治理是在进行国家治理和政府管理中最重要的治理主体，它具有强大的决策权、权威性和强制性，是治理机制、力量和形式在社会治理中的重新安排和组合。当前，我国的元治理是政府，并且注重政府、社会、市场三者的多元协同治理。由于考虑了不同主体的利益和立场，元治理对治理体系起到了协调作用，并重申了政府是治理的领导者，在治理中发挥着至关重要的地位和作用。元治理是对治理理论的批判和超越，使得治理理论更加完善。

政府是一个提供“公共物品”的特殊企业[①]。政府在提供“物美价廉”的“公共产品”时需要有合法的“暴力”支持。不同类型的政府出于不同的目的，制定出不同的会计目标，为实现这些会计目标，借用公共选择理论、国家治理理论等寻找有效的作用路径。

以公共选择理论为例，该理论认为，由于政治家是“自私自利”的个体，任何决策和行动都是为了实现个人利益最大化，因此，政府在进行会计监管和准则制定以及执行过程中不是简单加总社会所有偏好而是更加关注自己的个人偏好实现程度。因此，不同类型的政府有不同的会计监管目标和方案：专制独裁国家中，个人偏好就是社会偏好；民主政治体制国家中，政府偏好成为全体选民偏好；集权制国家中，统治者偏好是全体民众偏好。

图6-1描述了政府与企业共同发挥作用时的不同类型政府的会计决策。图中横轴是社会生产要素，纵轴是社会产量，OO′是政府部门为提高企业产量而进行的会计努力。曲线ACO′表示生产要素在政府和企业之间的分配和对会计方案的作用。在无政府自由主义时期，会计监管及方案设计是线段OA，政府的规模最大而会计方案最小；在独裁国家中，企业无条件服从政府的会计决策和方案，即生产要素投入为零。政府税收是曲线OGR，是企业产量的函数。曲线FE表示提供会计监管和设计方案花费的成本，曲线OGR和曲线FE相交于G点，是政府收入与支出抵消的均衡点，表示会计决策投入与成本达到最佳状态。

由于财政支出规模不断扩大、各利益主体参与社会治理的意愿增强、关注公共资源配置效率的动机强烈，政府与公共组织参与监管活动也有强烈的愿望。行政事业单位的公共受托经济责任履行情况一直是社会关注热点，政府和公共组织作为一个理性经济人，在国家治理的“绩效与问责”“互动与制衡”双重压力下，为保护自己的利益和地位，通过积极主动参与会计监管，能够及时了解公众对政府会计信息的偏好与需求（陈志斌和李敬涛，2015），改进均衡不同群体利益诉求的方法，高效履行公共受托经济责任，在追求政府治理过程和结果透明的同时，提高自己的社会地位和政治威望。

---

① 从经济学角度来分析，政府的目标是推进本地区的经济发展、实现本地区国民收入最大化，即提供公共物品，当然政府是提供公共物品的，但并不是所有的公共物品都是由政府来提供的。

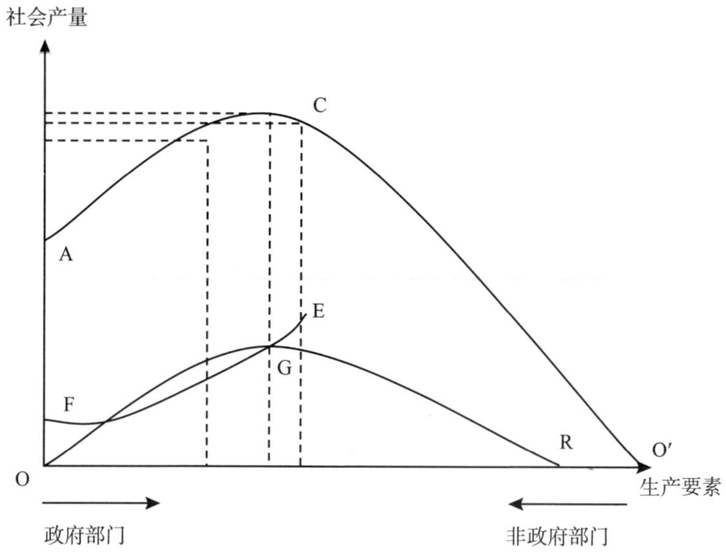

图6－1　不同类型政府的会计决策

6.1.2　股东

股东[①]是企业剩余经济利益最重要的分享者，其他利益相关者的契约执行情况都会影响股东的收益，因此，股东有足够的动力和意愿参与会计监督活动。在监管过程中，为了确保投资收益和规避可能的风险、及时掌握企业经营状况，股东非常关注会计信息的真实性和准确性，这也是股东对会计信息进行监管的主要动机。但就小股东而言，由于信息不对称、缺乏一定的管理和决策水平，他们一般只追求获取短期投资收益。小股东的这种表现被称为“理性的无知”和“搭便车”，当企业的经营管理和盈利下降到无法接受时，便会用脚投票，抛售企业股票、退出企业的资本投入。

无论是大股东还是小股东，虽然他们的知识水平、社会阅历的构成较复杂，对会计信息披露的内容和关注点不同，但从本质上来讲，股东的偏好一致：一是获得私人利益最大化；二是要求政府突出对股东的重视和偏爱，把股东的利益放在其他利益相关者之上。因此，股东们积极

① 武辉：《会计准则的动态周期过程研究》，经济科学出版社2013年版，第59页。

参与会计监管，目的是保护自己的利益，以最小的投入换取最大的收益。

对于股东来说，有效实施监控需满足的最优条件为：$\frac{dG}{dC}=1$

当 $C<C^{\varepsilon}$ 时，$G=$常数；

当 $C\geqslant C^{\varepsilon}$ 时，G 为 C 的单调增函数，且有$\frac{\partial^2 G}{\partial C^2}\leqslant 0$

其中，G 为股东的税后净收益；C 为监控成本；C^{ε} 为有效监控成本，是实现有效监控企业运营的最低成本。股东是否进行监管，取决于实施监管后而增加的监管成本和获得的收益或损失之间的权衡。由此可见，股东在会计监管中追求的是以最小的监控成本获得最大的税后净收益。

6.1.3 债权人

债权人为了所投资本的安全，主动参与投资企业的公司治理，监管企业经营活动的积极性很高，是会计监管的重要利益相关者。斯蒂格利茨（1985）指出，债权人对企业具有显著的控制能力，通过契约直接或间接地控制企业的经营管理活动。

与股东相比，债权人的风险相对小一些，风险主要有两个：一是企业经营活动中的呆账、坏账；二是企业的其他利益相关者出于各种目的对债权人实施的欺诈行为。由于经营者和股东等利益相关者有操纵会计信息来吞噬债权资本的可能性，迫使债权人必须参与会计监管。债权人对企业实施有效监控需满足的条件（孙捷，2003），如式（6－1）所示：

$$\frac{dH}{dC^d}=-\frac{1}{d_i Dr} \qquad (6-1)$$

其中，$C^d\geqslant C^d_{\varepsilon}$

在式（6－1）中，D 为公司总债务，r 为利率，设 D、r 为常数；H 为企业监控风险，是监控成本 C^d 的函数；C^d_{ε} 是债权人为了有效对企业经营活动进行监管所需要的最低成本；债权份额为 d_i，在满足式$\frac{dH}{dC^d}=-\frac{1}{d_i Dr}$的情况下，债权人将实现对企业的有效监控。

债权人通过事前、事中、事后三个阶段对投入企业的资本进行全方位监控，当债务人为特定贷款提供了担保和抵押后，债权人进入企业并开展全方位监管的积极性就会大大减弱。

6.1.4　西方利益集团

在西方，利益集团参与会计监管的人数逐渐增多，涉及的问题越来越深刻和尖锐。会计监管具有普遍性，所有的社会成员都应遵守和执行，监管制度和活动不是针对某个群体和个人的。利益团体的行为有自己的特点，它的行为动机和做事的原则是以经济人的观点，即将追求自身利益最大化作为假设前提。高质量会计监管反映出的实质是判断和抉择的最优：一是对会计问题和目标的判断和抉择，二是对会计监管决策方案的判断和抉择。会计监管本身是一种对社会利益的再次调整、重新分配，这种对社会利益的再次调整、重新分配的结果使已有的利益团体之间的利益分配平衡遭到破坏，极易引起社会秩序的混乱和利益矛盾与冲突[①]。

会计监管活动中社会精英团体之间发生冲突是常有的事情。一方精英利益集团的增加必然是以另一方精英团体利益减少为代价的，原因是资源的有限性无法满足所有人的需求。会计监管作为宏观经济活动的一个组成部分，本身就是一种利益分配行为，必会涉及社会中所有利益团体的利益均衡。在旧会计监管体系没有变化时，精英集团的利益分配看似是均衡的，但颁布实施新的监管方案以后，原有的利益团体之间的利益平衡关系遭到破坏，导致利益冲突的发生。获得额外收益的精英们会采取一些行动支持和鼓励这些会计监管方案获得通过和执行；利益受损的精英们会想方设法去阻止和改变对自己不利的会计监管方案的颁布和顺利执行。

以美国为例，美国的利益集团对会计活动的干预程度比任何一个国家都严重，因而加大了政府会计监管的难度。美国政府会计准则委员会（GASB）和美国联邦会计准则咨询委员会（FASAB）在对制定会计准则和监管规则时会面临来自方方面面的压力，此时就说明了 GASB 和 FASAB 发布的会计制度不能被社会广泛接受，有强大的反对力量存在。以 FASAB 对债务和权益证券投资行为制定的会计准则为例，银行团体

① 武辉：《会计准则的动态周期过程研究》，经济科学出版社 2013 年版，第 105 页。

面对SEC主席强烈支持“市价会计”的会计准则是极力反对的，“市价会计”的统一损害了他们的利益，因此银行业四处游说，并对FASAB施加压力。还有一个例子也是利益集团与会计制度制定者之间激烈斗争，SEC提出要将对财务报告修改的提案转入附注不能以其他方式进行的披露，此举受到石油天然气制造商的极力反对和不满，从此，石油天然气制造商开始向SEC施加压力，甚至对SEC提起特殊起诉，控告SEC提出的“储备确认会计”的不妥当和错误，不应该作为主要财务报告的一部分写入而应该在补充披露中表述。

在这种情况下，政府作为会计监管的指导者必须协调和解决这些冲突，理顺各利益团体之间的关系。否则，会计监管难以顺利进行，即使监管方案制定出来，也会因各种阻力而难以贯彻执行。当大多数精英团体感到某项会计监管可以接受时，就意味着此项会计监管获得大多数利益团体同意和认可，已经达到均衡的状态，因此，在利益集团博弈模式中，会计监管是协调、博弈和妥协的产物。当会计监管中一方社会精英势力发生变化时，均衡被打破，新一轮寻求均衡的竞争开始了，如图6－2所示。

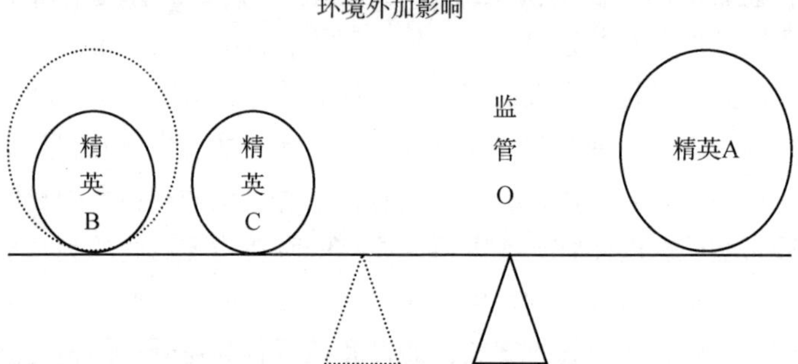

图6－2 精英集团博弈模式

6.1.5 社会公众

社会公众是最广泛的非官方会计监管主体①。从社会角度来看，政

① 非官方主体是指在政府管理过程中，具有公共决策力的主体主要有三个群体：政府和执政党、非政府组织以及社会公众。其中，非政府公共组织和社会公众共同构成了公共决策的非官方主体。多种力量互相博弈，在政策的制定、执行、监督、终结等过程中发挥了举足轻重的作用。不同利益主体共同参与公共决策的全过程，使决策更加科学化和民主化。

府监管与社会公众的多重利益密切相关，但政府失灵、市场失灵、契约失灵等越来越多地侵害到了公民利益，迫使公民在多元治理体系中行使参与权、决策权，以此表达自己的利益诉求，满足自己的异质性要求。社会公众意识到只有承担起公共责任和义务，监督和制约政府及其他主体的会计治理行为，才能实现自身利益最大化。

从政府角度来看，由于社会公众的构成复杂，知识结构、风俗文化千差万别，如不能及时准确领悟宏观经济政策和制度，势必引起很多误解。社会公众的支持和理解是国家经济政策和制度顺利执行和实现目标的保障。因此，只有让社会公众全面、深入地参与会计治理，才能理解、包容和接受现阶段会计监管中出现的诸多问题，使社会公众具有承认问题、宽容问题的理性心态，与政府共同优化会计治理环境，畅通社会公众参与会计监管的渠道，达到多元共治、平等共赢。

社会公众监督的另一种方式是吹哨人制度。近年来，为加快打造市场化、法治化、国际化营商环境，我国积极倡导在严重违法违规和重大风险隐患领域建立吹哨人制度，以发挥社会监督作用。吹哨人是指拥有违法活动的信息并将该信息进行报告的人，一般分为向内部检举和向外部检举两种类型，接收对象分别指向组织机构内部相关管理人员，以及机构外部的政府官员、警察、律师或者媒体等。吹哨人制度是知情人士的爆料制度，因知情人往往是内部人，作为知情人能够尽早发现问题，吹响哨声，大幅度降低监管成本。吹哨人制度是一种制度创新，政府监管部门应该制定相关法律法规，充分发挥公众监督的作用，让吹哨人制度成为一种激励制度，使政府、企业、公众彼此之间信息对称。

1998 年，吹哨人制度首次出现在经合组织发布的《关于提升公共服务伦理操守的建议》上，该建议发布了专门的吹哨人保护原则。随后，吹哨人制度逐渐在国际上广泛提倡。2005 年，《联合国反腐败公约》专门建立保护吹哨人的条款。2009 年，经合组织在《国际商务交易活动反对行贿外国公职人员公约》中要求 41 个缔约方建立吹哨人保护措施。2010 年 11 月，20 国集团峰会发布了《吹哨人保护的指导原则》。

较早立法保护吹哨人的国家有美国（1989 年）、以色列（1997 年）、英国（1999 年）、南非（2000 年）、新西兰（2001 年）。进入 21 世纪，通过立法保护吹哨人的国家大幅增加，例如日本（2006）、加拿大（2007）、荷兰（2010）、韩国（2011）、爱尔兰（2014）、匈牙利

(2014)、比利时（2014）、澳大利亚（2014）、斯洛文利亚（2015）等。美国是较早颁布吹哨人保护法的国家之一，在《萨班斯法案》和《多德弗兰克华尔街改革和消费者保护法》中对吹哨人保护条例进一步补充。英国和南非的吹哨人保护法律体系也比较完善。两国的法律框架都将公共部门和私营部门的吹哨人保护纳入进来。

1. 西方国家的吹哨人制度

(1) 美国。

从发展历程看，美国的吹哨人制度随着执法实践的需求与立法的完善逐步优化。美国第一部保护吹哨人的法案于 1778 年通过，当时美国国内有很多商人利用劣质物品冒充欺诈政府发战争财，国会利用“吹哨人”来清查。1863 年国会通过《虚假申报法案》，正式立法来保护举报私人和政府违法行为的吹哨人。1989 年，美国正式通过《吹哨人保护法案》，在原有举报人保护措施的法律基础上，进一步完善保护机制。

21 世纪初，安然、世通、施乐等大型公司爆发财务造假丑闻，为应对监管危机、打击内幕交易，美国资本市场监管机构于 2002 年出台《萨班斯法案》，该法案要求上市公司必须建立舞弊揭发制度，其中制定的保护举报人权益的条款成为美国联邦首部保护证券违法活动举报人的法律。

2010 年受金融危机影响，美国新发布了《多德 - 弗兰克法案》。该法案对吹哨人奖励和保护的政策愈加完善，提供了具有可操作性的细则，成立了专门机构处理举报相关事项。

2016 年，美国颁布《美国保护商业秘密法》，明确规定对商业秘密“吹哨人”的保护制度。2020 年美国证券委员会（SEC）重新修订《吹哨人规则》，对美国的证券吹哨人制度进行改革，进一步提高制度的透明度、效率性与明确性。美国的吹哨人制度形成了较为成熟的立法框架和实施流程，逐渐使美国证券委员会（SEC）在资本市场的执法中发挥出重要作用。

(2) 英国。

1998 年，英国颁布的《公共利益披露法》是吹哨人权利保护的基本立法，向举报损害公共利益的举报人提供适当的法律保护，成为公共部门和私人部门吹哨人保护的法律基础。会计金融监管部门在此基础上构建了会计金融领域吹哨人制度框架，形成了具有一定特点的规则体系。英格兰银行审慎监管局（PRA）和金融行为监管局（FCA）借鉴美国《多德—弗兰克法》的实施经验，建立以内部举报、处理机制、强化监管部门责任、雇佣合同保护为基础的规则体系。

英国作为吹哨人制度的起源国，对注册会计师可否向企业外部的监管及执法机构通报企业相关不法行为，也长期存在争议。英国法律认为会计师除非获得客户同意或在诉讼程序中需要提供证据等，否则应当严格保密，不得将企业相关信息向外部通报。英格兰及威尔士特许会计师公会（Institute of Chartered Accountants in England and Wales）在1985年发布了对欺诈的两个观点：一是欺诈问题工作组认为会计师可以通报企业不法行为的权利，二是本森勋爵委员会认为会计师原则上负有保密义务，除非会计师须出具非无保留意见的审计报告、并已通知受审计公司时可以通报监管机构。

随着社会公众对会计师揭发财务舞弊责任呼声日益高涨，自20世纪80年代中期以来，英国在《1986年金融服务法》（Financial Services Act 1986）、《1987年银行法》（Banking Act 1987）、《1986年建筑社团法》（Building Societies Act 1986）、《1992年合作社法》（Friendly Societies Act 1992）等多部金融及商事法律中规定，注册会计师负有通报监管机构（regulator）企业内部信息的义务。在欧盟1995年颁布《国际商业信贷银行指令》（Post - BCCI Directive）规范成员国会计师向监管机构履行通报义务后，英国参考该指令在《2000年金融服务及市场法》（Financial Services and Market Act 2000）中重新规定了会计师向监管机构通报舞弊及不法行为的义务，包括吹哨人范围、涉及事项、通报程序、保护措施、法律后果等内容。西方国家的吹哨人制度如表6-1所示。

表6-1　　　　西方国家的吹哨人制度

国家	代表法律	年份	主要内容	特点
英国	《公益揭露法》	1998	员工可以对可能或已经发生的不当或不法行为进行揭露，同时适用于公共部门和私营部门	全球首部“吹哨人”保护单一法典

续表

国家	代表法律	年份	主要内容	特点
美国	《公务员改革法》	1978	只针对公务部门的雇员进行保护	最早将“吹哨人”条款写入法律
	《萨班斯法案》	2002	标志着美国吹哨法律思想转变：进一步加强吹哨人保护力度，保持组织内部廉洁	从披露转向实质性管制
	《COVID－19 检举人保护法》	2020	在新冠疫情期间，保护联邦政府支持的“对公共健康与安全的实质性和特定危险”吹哨的人	与时俱进、涉面广泛、维护公共利益
日本	《公益告发者保护法》	2004	告发行为必须基于公益目的，但对公益的解释比较宽泛；必须以内部告发为前提	强调吹哨行为的公益性
	《公益通报者保护法》	2017	受本法保护的举报人必须是公司的“工人”，包括正式雇员和临时工人	在立法层面上保护私有利益
南非	《受保护的信息披露法》	2000	雇员在披露单位违法犯罪行为后，都会受到本法保护：建立了“吹哨人”公司及网站	世界第四、非洲首个“吹哨人”立法国家
	《南非吹哨人保护法》	2002	以列举方式规定吹哨内容；为吹哨有关人员提供保护	针对不同吹哨主体规定不同标准
澳大利亚	《公共服务法》	1999	为机构履行职能的内外举报者提供保护	将短期相关人员与泄密人员纳入范围
加拿大	《公务人员检举保护法》	2007	加拿大公共部门廉政公署提供了匿名的检举机制	针对公共部门
印度	《吹哨人保护法》	2011	针对吹哨人提供特定保护，但只能保护联邦政府雇员，对各邦没有约束力	为印度反腐奠定基础
纳米比亚	《纳米比亚吹哨人保护法》	2017	不当行为的披露可以书面、口头或通过电子方式进行	以吹哨内容是否合法为判断标准

2. 我国的吹哨人制度

我国 2019 年修订的《中华人民共和国证券法》（以下简称《证券法》）已于 2020 年 3 月 1 日起正式实施，本轮修订除了明确实行股票发行注册制、全面提高违法违规成本、设立投资者保护专章等焦点内容外，在证券监管机构章节明确新增了吹哨人制度的条款。《证券法》第176条规定："对涉嫌证券违法、违规行为，任何单位和个人有权向国务院证券监督管理机构举报。对涉嫌重大违法、违规行为的实名举报线索经查证属实的，国务院证券监督管理机构按照规定给予举报人奖励。国务院证券监督管理机构应当对举报人的身份信息保密。"《证券法》从原则上基本勾勒出了证券吹哨人制度的核心构成要素。

3. 吹哨人保护制度的法律特点

国外成熟且不断健全的"吹哨人"法律体系呈现出四大特点。第一，立法专门化。英国的《公益揭露法》是全球首部"吹哨人"保护单一法典，此后南非等多个国家都制定了"吹哨人"专门法。第二，渐进式探索，相关法律内容不断完善。例如美国"吹哨人"保护法律从最初的公务人员到社会成员全覆盖，从价值倡导到实质监管，体现出不断完善的渐进过程；德国通过反思过去几十年的吹哨员工被用人单位解雇的审判案件，逐渐推动司法有条件地支持雇员针对雇主不法行为进行公益吹哨。第三，精准化设计。对"吹哨人"的概念、性质、地位、权力、利益、保护程序等详细设计，不仅关注公共利益，也对私有利益进行保护。第四，立法时效性。美国为应对疫情议题，出台了专门的《新型冠状病毒肺炎检举人保护法》。但国外吹哨人法律也有不完善之处，比如加拿大没有针对私人组织的吹哨保护机制，印度《吹哨人保护法》对各邦约束力及作用范围有限等。

6.1.6　新闻媒体

新闻媒体被称为"第四权力"，是现代社会最为普遍的信息传播方式。新闻媒体监督是指媒体拥有运用舆论的独特力量，帮助公众了解政府财会事务、社会财会事务和一切涉及公共财会利益的事务，并促使其沿着法治和社会生活公共准则的方向运作的一种社会行为的权利。新闻媒体监督是社会各界通过广播、影视、报纸、杂志等大众传播媒介，发表自己对于财会事项、监督体系的意见和看法，形成舆论，从而对国家、政党、社会团体、公职人员的公务行为以及社会上一切有悖于法律和道德的行为实行制约。

任何制度和信息都要借助一定的载体才能传播，大众传媒与会计监管活动有紧密的互动联系，是会计治理手段社会化的媒介和途径，是会计监管结论的宣传工具，是监管效果满意度的社会舆论向导。媒体在传播信息、引导舆论、交流思想的同时成为参与会计监管的治理主体。新闻媒体监督是人民群众行使社会主义民主权利的有效形式，其主要监督方式有报道、评论、讨论、批评、发内参等，但其核心是公开报道和新闻批评。新闻媒体监督的实现需要两个环节：一是提供足够的舆论信息，即可以形成舆论的事实和情况，使人们对经济生活、政府会计监管机制有充分的了解；二是在拥有信息的情况下，对各种财会现象及有关经济现象进行理性的、坦率的评论。

新闻媒体利用自身的优势反映会计监管中发生的公共问题，追踪并持续关注这些会计监管问题的调查和处理结果，既提高了会计监管效率，也成为政府监管活动的监督者和督促者。同时，由于大众传媒的直接性、迅速性和广泛性，为会计治理创造了良好的社会支持环境，提高了社会对会计监管的认知程度，激发了公众参与会计管理活动的积极性。新闻媒体的“焦点效应”具有强烈的社会舆论影响力，为大众传媒与社会公众共同参与政府的会计监管决策和执行，有助于实现媒体与公众参与监管的愿望和诉求，也是符合国家治理的需求。

6.2 政府会计监管中的多元主体共治

政府会计监管为什么需要多元共治？“物竞天择，适者生存”，任何体系都要与时俱进，遵循市场规律，注重环境变化。国家治理主体是由政府、组织、公民等多元组成，这种主体的多元性打破了传统社会的同质性，在异质性的社会里，任何集权模式都已不合时宜，政府责任、市场平等、社会利益、公民权利缺一不可。会计监管是国家治理体系的一部分，国家治理主体的变化使会计环境发生改变，会计监管的治理主体要想在多元异质的环境中获取自身利益，就必须适应国家治理环境的特点，通过平等合作，实现共赢。因此，多元共治的制度设计成为提高政府会计治理能力的关键，是降低会计治理风险的务实选择。

会计治理主体多元化要求在多元、协商、合作的基础上建立以政府为主导、股东、债权人、社会公众、新闻媒体等多主体参与的主体结构以及和谐的伙伴关系。由于偏好各异，多元利益主体为维护各自利益都有积极参与治理的意愿，进行“会计寻租”，通过反复博弈协商，最终形成集体选择一致的多元共治会计监管结构。

在政府会计监督主体结构中，政府是主导，其他主体积极参与。但各治理主体之间的关系不是控制，而是协同；不是静态的制度，而是持续的互动。他们都有充当治理主体的资格与能力，但任何单一主体的能力都是有限的，也不具有绝对的权威。这些主体经过博弈妥协、集体选择最终形成具有政治性和经济性的会计监督目标和结构，影响着各个利益群体对维护经济利益公平、公正、均衡分配的贡献度，界定着政府与市场（股东、公共受托经济责任人、债权人等）、政府与社会（社会公众、新闻媒体等）的权力边界范围。多元主体将平等、合作、协商、责任等价值元素融入会计监督体系中，一定程度上降低了会计监督的成本与风险。

从经济学角度来看，会计监督活动受到成本效益因素的制约，应该重视成本和收益的权衡。会计监督成本是指监管活动使用的社会资源、制度设计和绩效评价等的组织成本等。会计监督收益是指良好的经济秩序和公共利益的实现程度。两者以节约资源、提高绩效为目的，追求简约与高效、资源与效益的最佳匹配（吴作章，2011）。

如图6-3所示，曲线C、E分别表示传统的监管成本曲线和效益曲线。两条曲线相交于P、Q点，在会计监督的初始阶段，即O、P两点之间的监管成本较大，监管收益较小。随着监管活动的不断深入和调整，会计监督环境逐步改善，会计行为和会计信息质量持续优化，监管收益逐渐增加，最终到达收益最大值（max = 效益值 - 成本值）。曲线C′、E′分别表示多元共治下的监管成本曲线和效益曲线，两条曲线相交于P′、Q′点。在初始阶段，由于其他监督主体的参与使得治理成本C′大于成本C，效益曲线E′小于曲线E。随着多元治理主体逐步融合和默契，监管成本降低，最终实现收益最大（max′），且Max′>Max。但极值点是瞬间变化的，随着成本、收益各要素不停运动和博弈，监管成本开始增加，获得的收益逐渐减少，在P和Q、P′和Q′之间收益大于成本。因此，会计监督活动应注意“度”的把握，并不是付出的成本越大，获得的收益越高、监督的效果越好（武辉，2013）。

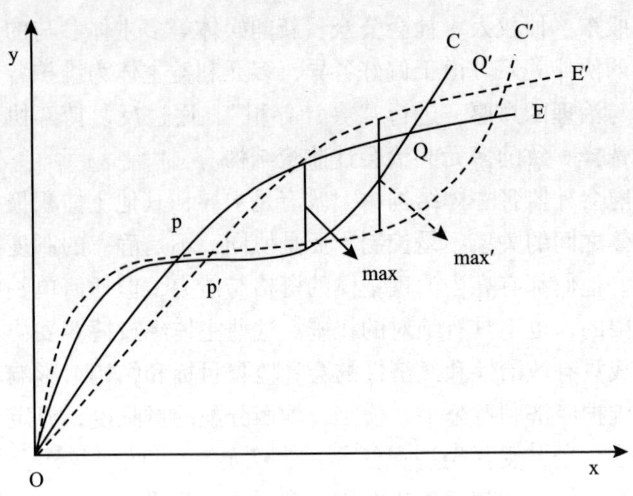

图 6-3　多元主体参与的成本效益图

资料来源：武辉：《国家治理框架下善治导向的会计监督体系重构》，载于《会计研究》2019 年第 4 期。

6.3　政府会计监管的一般博弈模型

组织规模越大，员工越多，监管难度就越大，监管成本也会随之越高。现实生活中，监督费用是关注的重点，当监督费用到无穷大时已经没有效率和激励；如果监督费用很少且很容易衡量贡献大小时可以按贡献率给予报酬。现实中各种交易费用①无处不在，机制和制度方案非常重要。制度和制度效率影响了制度的未来走向，总体来说，交易费用较低的制度伴随着高效的资源配置，交易费用较高的制度安排表现出较低的资源配置效率。

6.3.1　博弈模型设计

在会计的监管过程中，制度是各个利益相关者博弈的结果，会计监

① 交易费用又称为交易成本。1937 年，诺贝尔奖经济学奖获得者 Coase R. H. 率先提出这一概念。交易费用是在交易过程中，交易双方为达成某项交易而自愿支付的各种货币成本、时间成本等所有代价。交易过程中发生的各种费用和成本起源于交易活动本身，交易成本是社会经济生活中不可或缺、无处不在的现象。

督的博弈模型为：假设税收机关和企业是会计监管博弈的两个主要参与人，纳税的企业在博弈中的选择有：纳税、不纳税；税收机关在博弈中的选择有：检查、不检查。在博弈模型中，F 是罚款，m 是应交税金，n 是检查成本，假定 $n < m + F$，则税收机关与企业博弈的支付矩阵如图 6 – 4 所示。

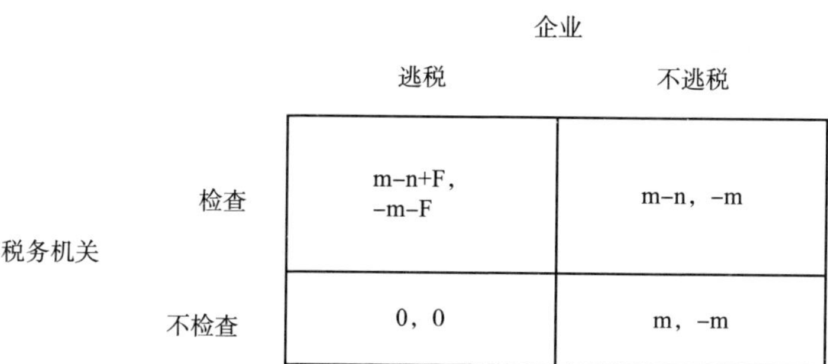

图 6 – 4　会计监督博弈模型

资料来源：武辉：《基于宏观经济视角的会计准则的动态周期研究》，经济科学出版社 2013 年版，第 81 页。

矩阵中，“$m - n + F$”表示税务机关进行税收稽查获取的净收益，“$-m - F$”表示交税企业如果逃税并且被税务机关查获时的付出的成本，“$m - n$”表示税务机关在交税企业不逃税时获取的收益，“$-m$”表示企业不逃税情况下的支出成本，“m”表示税收机关在企业自身不逃税且不检查的情况下获取的收益。

下面的式子中，α 代表税务机关对企业进行稽查的概率，β 代表纳税企业逃税的概率。第一步给 β 赋值，税收机关选择检查（$\alpha = 1$）和不检查（$\alpha = 0$）的期望收益分别为式（6 – 2）：

$$\begin{aligned}\pi_G(1,\ \beta) &= (m - n + F) \cdot \beta + (m - n)(1 - \beta) \\ &= \beta F + m - n \qquad (6-2) \\ \pi_G(0,\ \beta) &= 0 \cdot \beta + m(1 - \beta)\end{aligned}$$

$$令\ \pi_G(1,\ \beta) = \pi_G(0,\ \beta),\ 得\ \beta^* = \frac{n}{m + F}$$

β^* 所代表的经济含义：如果纳税企业逃税的概率小于 $\frac{n}{m + F}$，那么税务机关的最优决策是不进行稽查；如果纳税企业逃税的概率大于

$\frac{n}{m+F}$，那么税务机关的最优选择是进行稽查。

第二步给 α 赋值，企业选择逃税即 $\beta=1$，如选择不逃税即 $\beta=0$ 的期望收益为式（6－3）：

$$\pi_P(\alpha, 1)=(-m-F)\alpha+0(1-\alpha)=-(m+F)\alpha$$
$$\pi_P(\alpha, 0)=-m\cdot\alpha+(-m)(1-\alpha)=-m \tag{6-3}$$

令 $\pi_P(\alpha, 1)=\pi_P(\alpha, 0)$，得 $\alpha^*=\frac{m}{m+F}$

从式（6－3）可以分析出，α^* 表示的意义是：如果税务机关进行稽查的概率小于 $\frac{m}{m+F}$，那么企业的最优选择是不交税；如果税务机关检查的概率大于 $\frac{m}{m+F}$，那么企业的最优选择是交税。

在这个会计监督博弈模型中，纳什均衡点的位置在 $\left(\alpha^*=\frac{m}{m+F}, \beta^*=\frac{n}{m+F}\right)$，也就是说税务机关以 $\frac{m}{m+F}$ 的概率稽查，纳税企业以 $\frac{n}{m+F}$ 的概率选择逃税。在现实生活中，获得的纳什均衡意义在于：税务机关与企业的博弈均衡是对纳税人来说，有 $\frac{n}{m+F}$ 比例的纳税企业选择逃税，$1-\frac{n}{m+F}$ 比例的纳税企业选择不逃税；对税务机关来说，要随时地检查 $\frac{m}{m+F}$ 比例的纳税企业的缴税和是否有逃税的现象存在。

会计监督博弈的纳什均衡点的位置与对逃税的惩罚 F、检查成本 n、应交税金 m 有关。面对逃税的行为，如果惩罚越重（F 越大），应交税金越多（m 越大），那么纳税企业逃税的概率就会越小；如果税务稽查的成本越高（n 越大），那么企业逃税的概率就越大。当然，逃税概率与应交税金的关系可能是非单调的。

经济学中监督博弈模型实际上是“猜谜博弈”模型的一个变型，而“猜谜博弈”模型是以混合战略纳什均衡为特征的，即博弈参与方通过对自己的战略选择集合进行不确定的概率分布，让对手无法“猜准”自己在某一次博弈中的具体战略究竟是什么。上述监督博弈的混合战略纳什均衡可用下面的几何图形来表示（见图 6－5）：

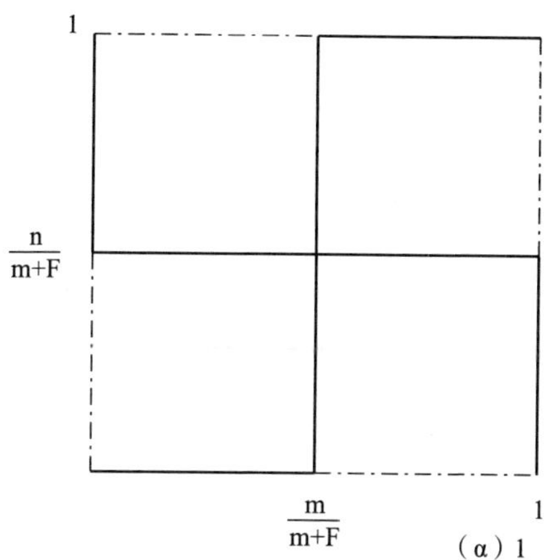

图 6－5　监督博弈的混合战略纳什均衡

资料来源：武辉：《基于宏观经济视角的会计准则动态周期研究》，经济科学出版社 2013 年版，第 135 页。

6.3.2　政府的最优监管行为选择

在宏观经济理论中，政府的监管应该发挥主导作用。同样，在对会计活动的监管过程中政府的监管力度也是其他监管者无法替代的。本节通过研究政府与企业之间会计监管过程的博弈，分析政府最优监管模式选择的问题，以期达到节约成本，提高绩效的目的。

1. 政府与企业在会计准则监管过程中的博弈分析

我们借鉴张维迎等的研究成果，运用完全信息的静态博弈模型，作出如下四个假设：

假设 1：企业有两种行为：一是提供真实会计信息；二是提供虚假会计信息。

假设 2：企业希望的目标：以“经济人”为目标，使企业经济利益最大化。

假设 3：政府采取两种措施：一是不监管；二是监管并一经发现虚假就处罚。

假设 4：政府设定的目标：政府作为一个特殊的利益相关者，目标是使自己所代表的社会收益最大化。

假设某事件的真实收益为 A，企业提供真实会计信息获得的收益为 B，企业提供虚假会计信息获得的额外收益为 C，政府实施监督的成本为D，政府发现企业提供虚假会计信息时给予的处罚为E。此时形成的支付矩阵如表6-2所示。

表6-2　政府对企业会计监督博弈的支付矩阵

企业	政府	
	不监管	监管，只要发现虚假，就予以处罚
提供真实会计信息	B，A-B	B，A-（B+D）
提供虚假会计信息	B+C，A-(B+C)	B+C-E，A+E-(B+C+D)

（1）用F表示企业可能提供虚假会计信息的概率，用G表示政府可能进行会计监管的概率，如果我们假定在企业提供虚假会计信息时政府选择监管（即G=1）和不监管（即G=0）的期望收益相等，即：

$$F^* = D/E$$

这时会出现三种情况：第一，当企业提供虚假会计信息的概率等于D/E时，政府对其监管和不监管所能获得的收益是相同的，此时政府可以随机选择自己的决定。第二，当企业提供虚假会计信息的概率大于D/E时，政府实施监管的收益会大于不监管的收益，此时政府的最佳选择是对其进行监管。第三，当企业提供虚假会计信息的概率小于D/E时，政府实施监管的收益就会小于不监管的收益，那么政府的最佳选择是不监管。

（2）假定政府实施会计监管的概率为G，假设企业选择提供虚假会计信息（即F=1）和选择不提供虚假会计信息（即F=0）的收益相等，即：

$$G^* = C/E$$

存在的三种情况是：第一，政府进行会计监管的概率等于C/E时，企业提供虚假会计信息和提供真实会计信息所能获得的期望收益是相同的，企业可以随机地选择提供真实的会计信息还是提供虚假的会计信息。第二，政府进行监督的概率大于C/E时，则企业提供虚假会计信息时的期望收益小于提供真实会计信息时的期望收益，企业的最佳选择就是提供真实会计信息。第三，政府进行会计监督的概率小于C/E时，企业提供虚假会计信息时的期望收益大于提供真实会计信息时的期望收益，企业的最优选择就是提供虚假会计信息。

因此，政府对企业会计监管博弈与企业提供虚假会计信息所能增加的经济利益C、提供虚假会计信息被发现时受到的惩罚R以及政府实施会计监管而发生的成本D有关。

上述分析结论的意义在于：

第一，企业通过提供虚假会计信息所能够增加的经济利益越大，政府对提供虚假会计信息的处罚力度也应越高。否则，企业恶意提供虚假财务指标的可能性就增大，尤其在C/E大于1时，企业提供虚假会计信息时所获得的收益一定大于提供真实会计信息的收益，此时企业的选择肯定是提供虚假的财务信息。从这个假设上我们可以解释为什么我国证券市场上恶性会计信息失真现象泛滥成灾。

第二，政府监管成本D越高，意味着发现和查处企业提供虚假会计信息的难度越大，对企业提供虚假会计信息的处罚力度也应越高，否则，政府的监管就越可能流于形式。如果政府实施监管的成本D大于对企业提供虚假会计信息的惩罚B时，即出现D/E大于1的情况，政府对企业进行会计监管的收益肯定低于不进行监管所能获得的收益，那么政府不会进行会计准则监管。

2. 政府最优监管模式的选择

从公共管理的角度来看，会计准则执行的有效监管应该依靠行政力量来进行。但是在监管行为的认识上有两种倾向：一种倾向认为，会计准则执行监管的根本在于加大违规成本，让造假者承担难以想象的重罚，使造假者不敢造假；另一种倾向认为，会计准则执行监管的主要手段是提高查处率，政府应该进行有效的检查，只要监管力量到位，检查方法科学，效果应该是明显的。

政府的最优监管模式应该如何选择，从图6－6中我们可以得出结论，巨大的违规成本在查处率很低的条件下是无效的，同样，很高的查处率在过低的违规成本下也是无效的；政府只有“双管齐下”，会计监管才是有效的。政府最优监管模型的提出或许能为政府的监管行为作出一定指引。

图6－6中，P是概率，边际收益曲线$C_{(1)}/p^2$向下倾斜，边际成本曲线$M'_{(p)}$向上倾斜。从图中可以看出，$C_{(1)}$越高，政府付出的成本越高，意味着政府监管的成本越高，也就是说，最优的概率P也越高，政府的监管行为获得的边际收益也越高，监管的效果就会越好。当$P=P^*$时，边际收益等于边际成本，因此P^*是政府的最优监管点。

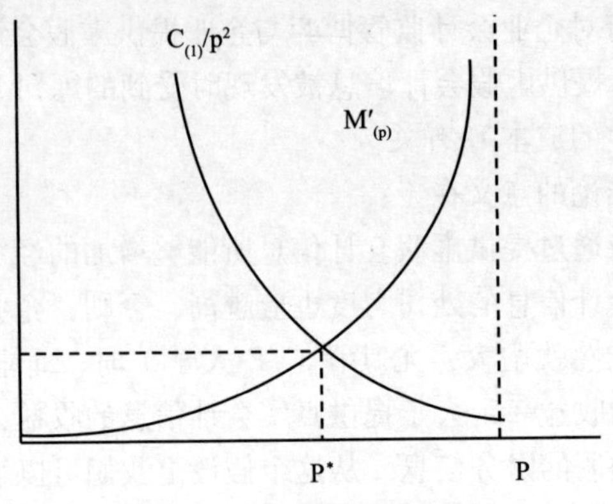

图 6－6　政府最优监督水平

但图 6－6 中最优的监管点只是一种瞬间的均衡，政府在实际监管过程中并不容易找到这种均衡，所以政府寻找的只是相对均衡和合理，是在某个时段的最优，这是政府最优监管模式的次优目标。政府的最优会计准则监管并不是要杜绝所有会计准则执行者的会计欺诈行为，而是把会计准则执行者的会计欺诈行为控制在一定范围之内。吴联生和王亚平（2003）曾就政府对会计准则执行监管的最优模式做过论证，也有类似的观点。在政府最优的会计监管的情况下，造假者实行最优的违规程度所得到的期望收益都大于 0，造假者在不实行违规策略时，他的收益等于 0，现实生活中政府即使做出最大努力也不会杜绝所有会计欺诈行为，杜绝全部会计规则执行者的会计欺诈行为的监管成本太高，也是无法达到的，因此，政府最优的会计监管是将会计准则执行者的会计欺诈行为控制在一定的范围之内。

第7章 国家治理视角下政府会计监管的机制优化

7.1 政府会计监管的动态系统

7.1.1 政府会计监管的约束点

当前的政府会计监管是事后的监督和控制，出现会计造假和财务舞弊后再解决问题，修订和完善会计准则和制度，事后的监督和控制不利于从根本上纠正问题。本书认为政府会计监管应该是动态和事前的管理，即事件还没发生，提前做好预案、确定目标、论证方案，杜绝临时“救火”式的监管。

约束理论广泛应用于公共管理和企业管理中，同样可以作为研究政府会计监管的理论工具。任何一个组织都会出现约束点和短板，如结构短板、约束资源、经营瓶颈等都是影响监管链条的薄弱环节，有效识别这些监管过程中的约束点，发现并准确甄别这些约束条件有利于政府监管活动的开展。政府的监管目标是整体动态系统的改善，企业的目标是获得更大利润，确定监管点与会计信息之间的关系是政府动态监管的关键。政府会计监管通过识别约束点，界定监管中的实质和目标，使政府在监管过程中降低监管成本、提高监管效率。

7.1.2 会计监管制度的动态过程

政府会计监管是动态的活动过程，包括很多的功能环节，如控制、调整、监督、修正、差错探寻等，众多的功能活动环节构成了动态的监管系统。

政府会计监管活动贯穿于整个会计过程之中，它的内容包括对会计制度制定环节的监管、执行环节的监管、评估环节的监管及终结环节的监管。

一是对会计制度制定活动的监管。在会计制度制定环节中，由于制定者存在有限理性和个人偏好，使会计方案存在不完善、误解、曲解以及滥用的可能性，直接影响了会计制度本身的质量及执行结果。由于会计制度制定者所掌握的信息有限，甚至是以错误的知识体系或价值体系为指导，制定者所制定出的会计制度可能是低效和不合时宜的。

同时，在制定会计制度时，如果没有严格遵守法律所规定的程序，那么制定出的会计制度可能就不合法。如一些会计制度以精英主义为价值取向，制定出了一些损害“公共利益”的会计制度。诸如此类的问题就需要对于这类制度的制定过程及其活动进行有效的监督，以保证会计制度制定的合法与有效。

二是对会计制度执行活动的监管。会计制度的制定目标有时与执行活动不能保持一致，因为会计行为所带来的后果有时无法预知，所以在会计行为开始之初就进行监督至关重要。在会计执行过程中，由于执行者的素质、知识、经验等原因，会引起会计监督执行活动的失效，有时也会严重干扰社会经济秩序，增加了企业进行财务报告造假的意愿和可能。对会计制度执行环节进行监督主要是为了保证会计执行遵循原定会计方案，监督检查会计制度是否得到贯彻执行，各项会计执行方案是否存在违背国家利益或整体利益的情况，及时发现和纠正违背会计目标的行为，提高会计执行的效率，确保会计监管目标的实现。威廉·韦斯特曾经指出：无论是主动的还是反应式的监督，都可以起到保护执行的完整性作用，防范立法机关以外的其他利益群体的破坏性影响。

三是对会计制度绩效评价活动的监管。会计监督制度绩效评估是迈向会计监管理性过程的重要环节。它的目的在于取得有关会计监督的效果、效益和功能等方面的信息，并成为判断会计未来基本走向的依据。会计评估的监管是监督主体，尤其是以政府为代表的，对会计评估过程加以监督，使会计评估活动能更好地发现会计活动的偏差，并以此为依据进行修改、调整、完善或是终止。会计评估是制定会计制度过程的有力工具，它对制定者认可的会计问题进行重新评估和确认。如果没有会计评估活动，就无法对会计制度的准确性、执行人员的责任以及会计制度制定机构的绩效作出判断。从这个意义上说，会计评估本身就是一种监管活动。对会计评估本身进行监督，使其在预设轨道上运行，以达到完善会计活动的预期效果。

四是对会计制度终结的监管。会计制度终结是会计运行过程的最后一个环节，是会计制度更新、会计制度发展的逻辑起点。在会计制度运行过程中，会计制度的时效性是一种常见的现象，即原来适用的会计制度由于客观条件或社会经济环境的变化已不再符合现实需要了，很多情况不是仅仅作出调整或变通就能解决的，而是在现实生活中进行会计终结的问题。

例如，《企业会计准则——非货币性交易》《企业会计准则——投资》等，由于在使用中出现了许多问题，因而进行多次修改甚至废止。需要注意的是，会计终结的作用不在于某个具体实施会计制度的终结，而是通过本身的研究发现那些错误的、多余的或无效的会计制度，及时向有关方面提出报告或提交合理建议，促使会计制度终结的实现。这是提高会计制度绩效，更新会计制度体系的一个有效途径。

总之，会计制度监管的对象是整个会计制度系统的运行，会计监管活动是会计监管主体对各会计环节的运行情况的信息反馈，它的作用贯穿于会计全过程，各项监督活动是互相联系、不可分割的，它们共同为提高会计制度的制定、执行的质量以及提高会计绩效提供强有力的保障。

7.1.3　政府会计监管的成本控制与执行

1. 政府会计监管的成本控制

在政府会计监管的各个环节中，为了保持社会秩序的稳定、维护经济的发展，政府通过一系列的法律法规等强制性手段对会计活动实施监管，为各个利益相关者股东、债权人、社会公众、大众媒体等提供表达各自愿望、维护利益的机会和途径。政府在进行会计监管时应该注重成本控制和绩效的改进。

政府会计监管主要是一种纵向的监控，即上级主管机构对下级的监督、检查、指导、纠错等。政府为了保护国家的基本利益不受侵犯，为了社会经济秩序的稳定和持续发展，需要对财政、税收、审计、银行证券等机构进行监管。政府对企业进行的监督主要是会计制度的执行情况以及财务报告的真实性与准确性，是一种微观层面的监管。

从经济学的角度考虑，在会计监管过程中，会计活动中的政府监管始终要受到成本效益因素的制约，所以要重视成本和收益之间的权衡。但美国政府会计准则委员会（GASB）和美国联邦会计准则咨询委员会（FASAB）把重心放在财务会计和对外报告上，忽略了会计监管的执行成本问题的研究。

政府在会计监管中的成本主要是指监管机构运行中的人力、物力、财力的消耗、制度设计和调整发生的成本、社会资源的耗费、政府的机会成本等。上面已经提到：政府监督的目的是节约资源、提高绩效，即追求的是简约与高效。因此，政府在执行监督时也应遵循一定的经济规律，实现资源与效益的最佳匹配。图 7－1 是政府会计监管成本效益图。

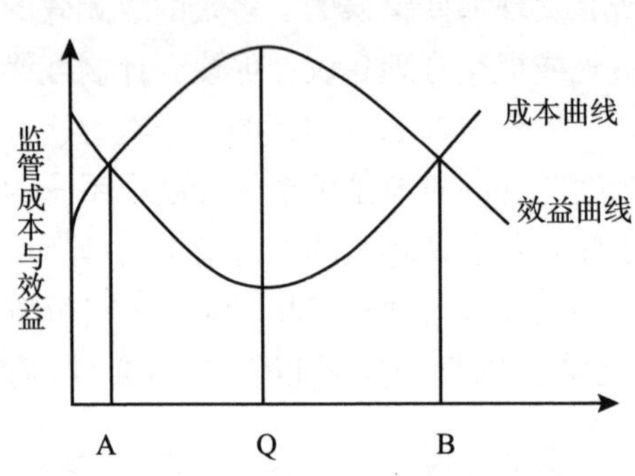

图 7－1　政府会计监督的成本效益图

资料来源：吴作章：《我国会计政府监管研究》，东北财经大学 2006 年版，第 39 页。

图 7－1 中，政府对会计准则执行的监管体系开始运行时，配备了人员、办公设备、工作场所等，成立的专门监管部门通过制定相关监管程序、监管职责等有关规章制度等进行监管。成本曲线与效益曲线是反向的，在成本曲线达到相对低点时，效益曲线达到相对高点。由于监管机构刚刚成立，初始的监管成本较大但是收效并不大，随着会计准则监管工作的不断开展以及会计准则监管环境的不断改善，监管成本逐渐变小并在 Q 点得到最大收益，在 Q 点得到最大收益后，成本曲线开始上

升，意味着监管成本的增加，会计准则监管的收益却在不断减小。从图7－1中可以看出，会计准则的监管还要注意“度”的把握，不是付出的成本越大，获得的收益越高，监管的效果越好。在达到临界点时政府监管成本最低，监管效果最好。

2. 政府会计监管的执行过程

政府对会计的监管主要通过监管主体对会计计划、目标、标准等的掌握，及时发现预期绩效与实际绩效之间的差距，分析产生差距的原因，最后作出是重新调配资源、加大执行力度还是对会计监督活动进行修改调整的决定。所以，会计执行的监管并不是一个单向的过程，而是一个没有止境的可逆的循环。这种循环关系可以通过下面这个示意图以简化的方式表现出来，如图7－2所示：

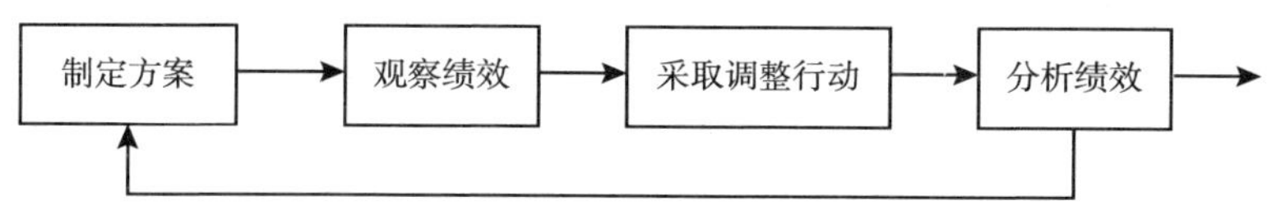

图7－2　监管活动的循环图

其中，制定监督方案是将会计监督内容变成可操作的实施细则的过程，也是进行会计监管的标准。将会计监管付诸实施之后，政府作为监管者，根据会计实施方案的设计，通过信息反馈系统对执行过程进行监督，及时掌握产生的实际效果，然后进入分析阶段。实际绩效如果超过原先所定的标准，这说明以前的标准设计过低，那就应该调整会计监管评价标准；实际绩效如果比预期绩效低，此时就需要分析造成差异的具体原因；如果原因是会计监管执行存在问题，如“连折带扣”地执行、“选择性”地执行等，就应重新调配资源以提高绩效；如果原因是会计监管执行的标准定得过高，则需降低标准；此外，通过实施发现会计监管本身存在设计问题，那就必须及时终止或修改该项方案，以避免更大的损失和浪费。这样政府在会计监管中完成了一轮循环，通过采取的调整行动影响会计监管的生存环境并进入下一轮新的循环。

3. 政府会计监管体系的运行控制

在政府会计监管体系的运行过程中实施控制的目的是保证制定出来的会计监督制度能够准确、及时地得到贯彻和落实。无论计划做得有多完善和周详，在运行过程中都会有一些难以预料的情况。

会计控制是改进工作的有效手段。监管的实质是对会计活动的效果所作出的反应。如果没有监管，人们就不了解真实情况，工作无法改进，就难以保证正确的工作方向，无法实现会计监督目标。

政府会计监管的过程是由以下三个基本环节构成：确立标准、衡量绩效和纠正偏差，政府会计监管体系的运行程序可用图7-3表示：

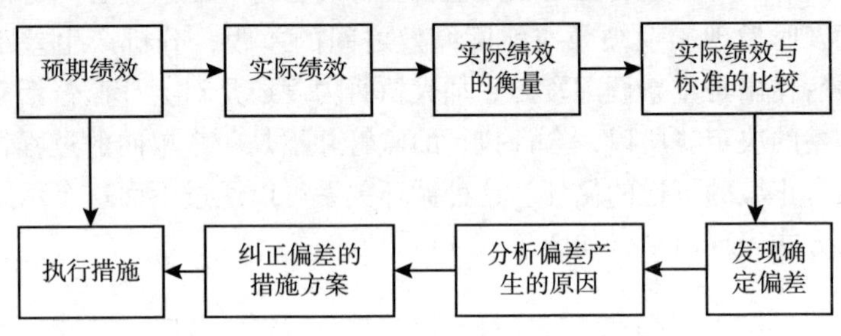

图7-3　政府会计监管体系的运行程序

资料来源：由笔者绘制。

（1）确立标准。

标准是衡量会计实际效果的尺度。会计监管是保证会计制度的顺利运行，并取得预期目标的方法。实现会计目标是会计监管的最根本的标准，监管的标准来源于会计目标。但会计目标是从宏观视角来解释的，因而无法直接变成监管标准，也就是说，可以将一般的会计目标变成一系列的子指标体系。常用的控制标准有收益标准、价值标准、资本标准、成本标准等。

（2）衡量绩效。

理想状态下的政府会计监管是采用前馈控制，在实际偏差出现前预见到它们，并采取纠正偏差的预防措施。但在现实生活中，实际的监管过程由于各种环境和因素的限制，使得我们很难做到这一点。因此，只有在会计监督制度的实际运行过程中，随时监控制度运行的情况，衡量制度的实际绩效，将实际结果与预定的目标或期望的结果加以比较，才能及时发现偏差。

衡量会计绩效的准确与否，既取决于会计监管标准的合理性，也取决于衡量绩效和评价方法的选择。必须注意，不应把实际的会计效果看作是最后的会计结果，有时可能是阶段性的成果或在非常规状态下推测出的结果。会计控制不仅仅是对最终的会计结果的纠正，也包括对中间过程产生问题的纠正。

（3）纠正偏差。

纠正偏差包括确定会计目标偏差的类型，找出偏差产生的原因，在此基础上采取纠正偏差的行动。会计偏差在实际运行中产生的原因是各种各样的，例如会计环境的改变、目标设定不恰当、执行人员执行不力等。在找出偏差发生的原因之后，要采取行之有效的办法来加以纠正，并对会计监督制度加以调整。

7.2　国家治理视角下的政府会计监管机制创新

7.2.1　政府会计监管的机制创新：以会计善治为导向

作为资源配置的引导员，会计在资本市场和社会经济运行中具有重要基础性作用。党的十九大报告明确指出“使市场在资源配置中起决定性作用，更好发挥政府作用”，不论是市场决定性作用还是政府职能转变都有赖于客观、公允的会计信息支持。会计信息既是国家进行管理和决策的依据，也是经济利益维护、产权明晰的基础。随着国家治理体系和治理能力现代化的推进，政治、经济等领域改革不断深化，如政治领域中推行绩效管理、政府职能整合、权力制约等，经济领域中财税体制改革、区域经济合作、混合所有制改革等。社会制度的深刻变革对会计信息的客观性、公允性提出了更高的要求，也为会计监督的改革指明了方向。有效的治理机制可以解决国家和市场失灵的问题，治理机制在发挥作用的同时也会出现治理失灵。

“善治”是解决治理失效和提高治理效率的重要手段。善治的本质是国家、组织、个人处于利益和谐、关系融洽的社会状态，通过政府与其他利益群体对社会政治事务的协同治理，实现公共利益最大化。公正、透明、廉洁、合法、负责、参与、回应、有效、稳定、法治是善治的核心要素。“良法促发展、保善治”。认可权威和心态服从是合法性的外在表现，合法性越大，善治的程度越高，“良法”是法治的价值标准和理性追求。“善治”是法治运作模式和实现方式，法治是善治的基本要求，经济治理、社会治理、政治治理是善治的目标，进一步地解释：经济治理关注效率，有效性是衡量的主要指标；社会治理关注秩序，公正是衡量的主要指标；政治治理关注认同，合法是衡量的主要指标。政府在治理国家时如要顺利实现“良法善治”的目标，一是立法，二是执法。“良法善治”要求政府恪守法律、依法行政，确保政府权力执行不越位、不缺位、不错位[①]。

国家治理框架下，“监管是增压力，不是添麻烦”。政府会计监管为什么要“善治”、如何“善治”成为会计监管改革需要解决的问题。为什么要“善治”？善治是政府会计监管机制创新的导向，是多元主体在良性互动中寻求整个社会的好状态、好政府、好治理，是公共利益最大化的实现过程。会计监管是政府向社会提供的公共服务，用以满足各偏好群体的会计需求，反映了一个国家的会计治理能力和水平。当前政府会计监管的监管能力较弱、制度设计僵化、社会关注度低等问题已不适应国家治理和经济发展的要求，“会计善治”成为政府监管改革的方向。

7.2.2 政府会计监管的机制创新：以动态评价为手段

如何“善治”？会计善治是追求整个会计领域的好秩序、好信息、好规制，是会计监管目标的实现路径。现有的政府会计监管模式以发布宏观定性结论为主，信息滞后、可用性不强，监管方法和手段落后，监管机制应有所创新。本节在分析利益相关者行为偏好和集体选择的基础上，从多元共治的角度构建动态综合评价体系，将目前常用的定性监督结论用评价指数代替，定期持续发布，参照监管指数对被评价者排序，进一步提升政府会计监管结论的权威性和影响力，以“善治导向、动态评价”模式创新政府会计监管的运行机制，最终实现“会计善治”（详细论述见第 8 章）。

---

① 石佑启、杨治坤：《中国政府治理的法治路径》，中国社会科学，2018. 1.

7.3　政府会计监管优化路径：动态绩效评价

7.3.1　高质量政府会计监管的标准

高质量政府会计监管的实质就是判断和抉择的最优，既包括对会计目标的判断和抉择，也包括对会计监管方案的判断和抉择。无论哪一种判断和抉择，都有一个标准问题。政府会计监管的标准无外乎两种：一是是非标准，即“对不对”，如“目标对不对”“方案对不对”；二是价值标准，即判断方案或目标的优劣，即“好不好”。会计监管追求的目标是是非标准和价值标准的统一，即追求“既对又好”的目标和方案，但这两种标准之间并不是一一对应的关系，有时优的不一定是对的，对的也不一定就是优的。国家治理视角下的政府会计监管标准归纳起来主要有以下几点：

1. 帕累托最优

对政府会计监管进行评价可以按是否符合帕累托最优，即是否符合帕累托效率来判断。帕累托最优是指资源分配的一种状态，在不使任何人境况变坏的情况下，也不可能再使某些人的处境变好。人们平常用得更多的是帕累托改进标准。帕累托改进是指一种变化，在没有使任何人境况变坏的前提下，使得至少一个人变得更好。一方面，帕累托最优是指没有进行帕累托改进余地的状态；另一方面，帕累托改进是达到帕累托最优的路径和方法。帕累托最优是公平与效率的“理想王国”。如果一项会计监管制度不是帕累托最优，则存在一些人可以在不使其他人的境况变坏的情况下使自己的境况变好的情形；一般认为这样低效的产出是应该避免的，因此帕累托最优是评价一项会计准则质量的标准。

2. 卡尔多—希克斯改进

与帕累托改进相对应的另一个标准是卡尔多—希克斯改进。卡尔多—希克斯改进是指：尽管新制度安排损害了一部分人的利益，但另一部分人因此获得的收益大于受损人的损失，总体上还是合算的。对我国的会计准则改革来说，改革的初期常常表现为帕累托改进，而在改革的攻坚阶段更多地涉及利益的深层次矛盾，所以改革的结果可能表现为卡尔多—希克斯改进。改革无法在不减少任何个人福利的条件下使社会福利最大化，因此一部分人利益的增加，可能要以另一部分人的利益损失为代价。所以，在政府会计监管的评价过程和选择过程中要更多地考虑怎样符合卡尔多—希克斯改进。

3. 目标合理

任何政府会计监管活动都是为了实现特定目标，不存在“无目标的会计监管”。政府会计监管目标是判断和抉择的前提，会计监管目标的合理与否直接决定着会计监管活动的质量高低，一旦目标不合理，抉择的方案再好也不一定有理想的结果。高质量会计监管决策是一个多功能的复杂系统过程，各种关系错综复杂，加上人的“有限理性”，使得政府会计监管体系中的大量活动实际上不存在“帕累托最优”的结果，只能以“合理”“满意”和“帕累托改进”[①] 为目标。

4. 方案可行，代价最小

在政府会计监管目标确定之后，方案的可行性尤其重要。可以肯定，与会计监管背道而驰的准则是错误的，不痛不痒的监管尽管不会产生坏影响，但也无助于政府会计监管目标的实现，所以也被认为是不可行的，只有对症下药才是可行的。对于最优会计监管而言，政府会计监管的设计方案的可行性可以从目标合理性、经济科学性、技术可行性等几个方面进行分析。

任何政府会计监管的实施都要花费人力、物力、财力、时间、信息等代价。在制定过程中，能实现既定目标的方案往往不是唯一的，不同方案的代价也不相同，甚至相差甚远。因此，必须对多种可行方案进行评价和选择，从而保证最终方案的代价最小。代价最小原则同样要求决策方案或者以最小的代价实现既定目标，或者以同样的代价产生最大效果。

5. 副作用最小

在政府会计监管中，方案在实现既定目标的同时，可能会产生对其

---

① 帕累托改进是帕累托最优的次优方案，某个方案和政策规划在配置有限资源时，在不损害任何人利益的前提下，通过努力能够优化调节资源，让最少一个人获得比原来更大利益。帕累托改进是评价体制、制度合理性的原则和准绳。帕累托改进的理论降低了我国经济改革的阻力，优化资源配置，降低了社会矛盾，使得改革更容易推进。

他方面不同程度的不良影响，有些方案在实现既定目标的效率方面可能十分突出，但该设计方案在实施过程中对其他方面产生的不良影响同样十分突出。有些方案的副作用是直接的，有些则是间接的。能否充分估计某些方案可能产生的副作用并采取防范措施，努力使决策方案的副作用最小，就成为会计监管优劣与否的标志，这要求制定者既要谋得深，又要谋得远。

6. 适应社会需求

所谓适应性就是指政府会计监管应当与其目标相适应，与会计环境相适应。首先，政府会计监管应当与其监督目标相适应。政府会计监管具有经济后果性，政府会计监管的经济后果应该保证效率优先，兼顾公平和稳定。其次，政府会计监管应当与会计环境相适应。会计监管的内容既要适应国际化发展的大环境，又要适应我国特定的政治、经济、法律、文化环境，这是保证会计信息质量的现实选择。最后，政府会计监管的时机要合适。会计监管既不能滞后，也不能过分超前。因此，适应社会需求是会计监管高质量的一个标准。

7.3.2　国家治理视角下的利益相关者与绩效评价

1. 绩效评价的意义

（1）在政府会计监管的运行过程中，绩效评价是检验政府会计监管政策和会计活动的效果、效益和效率的基本途径。

政府会计监管实施以后，面对实现的预期目标，产生预期的效果，非预期的连带问题，对那些政府会计监管政策制定人员和执行人员来说是无法做相关的评估的，对政府会计监管的政策制定效果和做法无法判断。政府会计监管绩效评价的内容主要有两项：一是对政府会计监管活动本身的评估，二是对政府会计监管执行效果的评估。政府会计监管活动绩效评价人员在结合会计领域的特点的同时，搜集与会计监管政策制定和执行的相关资料和信息，进行科学论证分析，正确评价政府会计监管发挥的作用和效果，在实施过程中是否达到预期的目标、实现了政府会计监管的理想。

（2）做好对政府会计监管的绩效评价有利于对今后会计准则和会计监督的去向和政策调整作出正确判断。

政府会计监管体系中的某项会计监管制度是应该保留、修改还是结束，都需要有一个决策依据和判断标准。在会计监管动态系统的运行过程中，会计目标在一步一步地实现时，它的走向越来越清晰，会计监管政策的走向主要有：第一，会计监管政策的保留，政府会计监管所要解决的会计问题还没有完全解决，还需要有一定的操作规范来限制，同时在对该项会计监管政策的绩效评价认为与之适应的会计环境基本吻合，可以用原来的政府会计监管政策继续指导这个问题的解决。第二，在绩效评价的基础上对会计监管政策进行调整。社会的日新月异，使得会计活动的生存环境不断变化，新情况、新变化、新问题让旧的政府会计监管政策体系明显不适应新的会计监管环境的要求，这时要对会计监管政策进行修改。第三，完全终止原来的政府会计监管制度，即政策终结。会计监管制度终结分为两种情况：一种情况是会计目标已经实现，原有会计监管政策已没有存在的意义；另一种情况是会计监管环境或会计问题本身发生变化，原有会计监管政策已不能解决会计问题，这时就需要终结旧会计监管政策，并及时颁布新的更好的会计监管政策。由此可见，科学、系统、准确的政府会计监管绩效评价是今后会计监管去向的基础。

（3）有利于对社会中有限资源的合理配置。

政府会计监管绩效评价的评估事实上是对每项会计监管活动的价值评估，根据会计监管价值的大小来决定对投入各项会计监管制度和执行的资源顺序和比例，进而寻求会计监管体系的资源配置最优。同时，通过对会计监管的绩效评价，了解会计活动动态系统内部的各种资源的配置及使用情况，努力做到合理利用、资源有效，对出现的问题结合绩效评价结论提出改进意见，吸取教训，使会计领域对社会经济的发展作出应有的贡献。

总之，社会的发展使得无论是经济领域还是政治领域，新情况和新变化层出不穷，靠传统经验已经无法适应当今复杂的决策问题。实践证明，评估活动是使政府会计监管符合会计领域发展、解决会计问题的途径之一。通过对会计监管动态系统的评估，不仅可以检验政府会计监管政策制定和执行的效果、效益和效率，也有利于对今后会计监管去向作出正确判断，做好对社会有限资源的合理配置，有利于解决出现的新问题、新变化，使会计监管动态系统更加合理、有序。

2. 政府会计监管绩效评价的原则

为了有效地进行政府会计监管的绩效评价，应该遵循的原则：

（1）政府会计监管绩效评价是从经济、社会发展的客观实际出发，从多个角度审视国家的政府会计监管体系设计。会计监管绩效评价需要做好统筹分析相关问题，综合权衡利弊，客观估算成本等多方面的工作。通过对政府会计监管提出总体或者阶段性的评价咨询意见，促进政府部门科学决策，降低会计监管决策成本，实现政府会计监管的制定目标和执行目标。

（2）为了使政府会计监管绩效评价客观、公正，要确保会计监管绩效评价的独立性。这有利于提高会计监管绩效评价结论的客观公正性，也有利于建立会计咨询和执行监督机制。政府会计监管绩效评价由具有相应权威、相对独立的机构或者被上级授权的机构实施，以维护会计监管绩效评价的独立性原则。

（3）政府会计监管绩效评价是由多个环节组成的系统。会计监管绩效评价尽可能采用先进的手段和方式，以提高评价工作的效率和准确性。

（4）政府会计监管绩效评价的评估主体是指承担具体评价的团队和个人。会计监管评价主体的价值取向直接影响着评价对象和评价指标体系的确定，影响着对评价结果的处理态度。任何人都可以成为政府会计监管的评价者，组织与成员应回避和评价对象有关的人员，并且会计监管评估成员在组成上应有一定的互补。

3. 利益相关者与绩效评价

利益相关者在对政府会计监管活动的绩效评价中①贡献较大。研究发现，会计监管执行者都有使用绩效评价结论进行决策的偏好，但都未达到期望值。原因有二：一是绩效评价结论未向社会公众全部真实披露，二是利益相关者对公开的绩效评价信息不感兴趣。

在宏观经济政策的评估中，评价者与评价对象之间的关系如图7-4所示。在图7-4中，直线代表正式的、直接的关系，而虚线代表非正式的、间接的关系。会计监管执行者与会计监管方案制定者保持正式或非正式的关系，直接或间接地评价会计监管方案，得到的评价内容又会

① 绩效评价（performance appraisal）是指用一定的方法和程序，运用科学的量化指标对评价对职工等评价对象的绩效目标进行的全面性考核与评价，并依据评估结果对评价对象的业绩与表现进行积极引导的方法。绩效评价有利于提高职工的积极性，充分发挥潜能，改进运营管理，从而实现企业价值最大化。

反馈到制定者和执行者那里；立法部门、司法部门、专门部门、舆论媒体、公益团体、利益团体及政策受益者等，都会直接或间接地、正式或非正式地评价会计监管绩效；他们还会像图 7 -4 中所示那样，与执行者和制定者发生正式或非正式地相互影响。

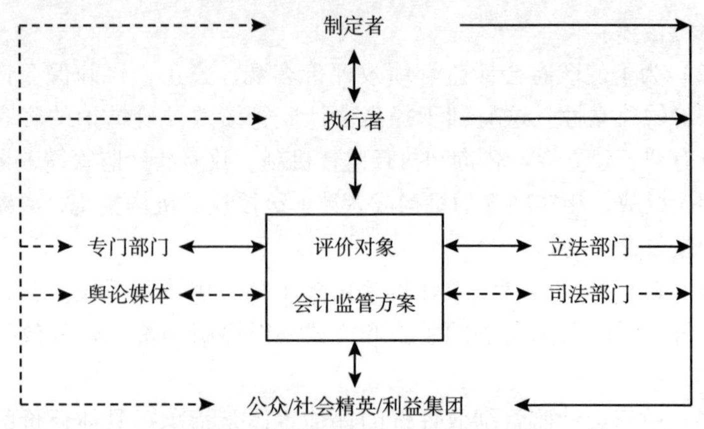

图 7 -4　评价者和评价对象之间的关系

资料来源：朴贞子：《政策执行论》，中国社会科学出版社 2010 年版，第 103 页。

从图 7 -4 可以得出，不同的利益相关者构成评价主体，在众多的评价主体中，政府起主导的作用，政府在履行会计监管职能时需要充分保护社会公众意愿和利益。由于利益群体存在利益上的差异和分化，要求政府在发挥监督主导作用的同时承认利益主体的多元性，体现了多元共治的理念。

4. 绩效评价中的利益相关者偏好整合

在会计监管的动态系统的绩效评价中，参与绩效评价的人员很重要，所有的利益群体都会积极参与：一是确立本利益群体在本次评估中的地位，二是为利益群体争取最大的有利于自己的评估结果。这种做法极易引起利益群体为实现自己的利益而争斗的现象，当绩效评价结果损害自己利益群体的利益时就会发生抵制，当有利于自己利益群体的利益时就会绝对支持。以政府为主导的决策者为使绩效评价获得准确、客观的评价结果，不被利益相关者个人偏好影响，应努力学习和使用现代决策工具、科学方法。图 7 -5 是绩效评价中利益相关者的偏好整合过程图，是从利益循环外部环境两个方面分析利益群体偏好的形成过程。利益偏好的整合是会计绩效评价活动的关键，这个模型对会计绩效评价的最大贡献是：大众化的相对主义胜于狭隘的专制主义。

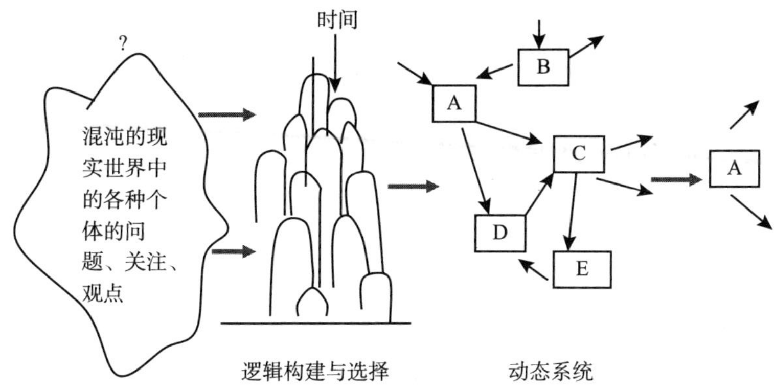

图7－5　利益相关者偏好整合

资料来源：埃贡、古贝等：《第四代政策评估》，中国人民大学出版社2009年版，第145页。

现实中，利益相关者与绩效评价结论的关系密切。杨开峰（2007）就利益相关者与绩效评价结果的关系用图7－6所示的理论模型进行了说明。

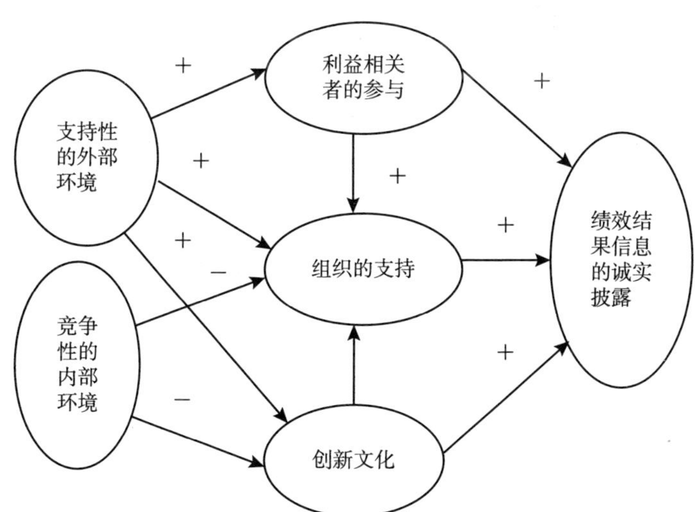

图7－6　利益相关者与评价结论的关系

结论是：从总体上来看，在评估结论与利益相关者对评估管理的参与、组织对绩效评估的支持以及企业创新文化之间，存在一种直接的正相关关系。在这些变量中，利益相关者的参与起着最大的作用。

从上述结论可以看出：正因为利益相关者在绩效评价中的积极影响，所以关注利益相关者的需求是符合社会发展的，把利益相关者的意愿和主张作为评估的基础，把利益相关者下的响应式评估模式引入会计监管制度的绩效评价中是可行的。利益相关者积极参与绩效评价的过程是一个利益综合的过程。在会计监管制度的制定过程中，不同的党派、社会团体、新闻媒介等利益群体和普通群众根据自己的观点、利益需求，提出不同的利益诉求，在此基础上通过利益综合的执行过程，是会计监管制度形成的必经程序。依此类推，会计监管制度绩效评价也是在监管实施以后，探求监管方案和执行效果的过程，需要会计利益相关者根据自己的不同利益诉求，对其进行深入评估，得出客观科学的结论。积极参与会计监管制度绩效评价是公民表达自己利益要求的重要途径和载体。因此，要提高评估机构的评估结果质量，必须充分调动多种利益主体积极性，发挥公众在绩效评价中的应有功能，整合各利益主体的力量。

7.4 政府会计监管中的科技融入：治理与科技二维度

科技变革将带领会计监管走进创新监管的新时代，技术与管理的融合、创新与治理的融合、科技与监管的融合是未来优化政府会计监管的必然选择。当前，监管技术匮乏、监管模式滞后和监管效率低下等问题非常突出，仅以传统的政府会计监管体系执行审慎监管、功能监管、行为监管等已不足以解决上述问题。因此，必须在传统会计监管维度之外增加科技驱动维度、多元善治维度，从而更好地应对会计智能化可能产生的风险以及由此引发的监管挑战。

7.4.1 科技融入会计监管的背景

党的十九大报告提出“创新监管方式”的要求和目标，强调推动互联网、区块链[①]、大数据、云计算[②]、人工智能[③]与实体经济的深度融合，给科技与监管、技术与管理、创新与监管带来了挑战和机遇。新科技、新技术在实体经济中的使用也给政府会计监管提出了新要求和新发展，加强科技驱动下的创新型会计监管具有重要意义。

伴随全球化信息技术的突飞猛进，社会秩序、人民生活方式都发生了巨大改变，也给国家治理带来了新的挑战。在互联网、区块链、人工智能等科技影响下，信息社会正在加速变成现实的技术社会形态[④]。共享、开放、信息、自由等是当前社会发展的核心精神[⑤]。国家治理体系由多个要素构成，要素之间彼此联结，在特定环境下，主体、客体相互影响、相互作用，有必要厘清各个要素的边界和功能，通过治理体系中各要素的分工与协同，使国家治理体系成为动态、开放、自由的有机整体。

政府会计监管的发展历程经历了松散监管—形式监管—委派监管—三位一体—多元共治—科技监管（未来方向）几个阶段，从政府会计监管的发展过程来看，审慎监管、功能监管、行为监管等传统会计监管的功能已经力不从心，会计风险防范方式亟须突破，对传统政府会计监管模式、理论逻辑和法律制度提出巨大挑战和要求。同时，监管技术匮

---

① 区块链是一个信息技术领域上的术语，是一个共享数据库，存储于其中的数据或信息，具有“不可伪造”“全程留痕”“可以追溯”“公开透明”“集体维护”等特征。基于这些特征，区块链技术奠定了坚实的“信任”基础，创造了可靠的“合作”机制，具有广阔的运用前景。区块链主要应用会涉及点对点网络和分布式时间戳服务器等技术功能，并且做到独立自主，成为首位成功应对处理多次重复消费状况的数字型货币。

② 云计算（cloud computing）是一个存在于IT领域的应用手段，指的是通过大量在云端的计算资源进行计算，然后再将结果回馈给用户。云代表着互联网、网络。云计算的资源构成是看不见摸不着的，同时也是不断与时俱进的。云计算极为有力地推动了互联网的技术改革效率，同时会给整个产业带来翻天覆地的改变。在这种趋势下，越来越多的巨头公司都纷纷致力于云计算技术以及以云计算为基础支撑的热点应用。

③ 人工智能（简称AI），是在了解人的智能的基础上研究、制造一种能与人作出相似反应的机器。人工智能是一种模拟了人类的意识和思维、延伸了智能理论的现代科学。人工智能的出现，使机器能够代替人类完成一些复杂、危险、枯燥的工作。这样的自动化经济，提高了劳动生产率，极大地推动了人类文明的进步。

④ 杨东：《论金融领域的颠覆式创新与监管重构》，载于《人民论坛·学术前沿》2016年第11期。

⑤ Douglas W. Arner, Jnos Barber and Ross P. Buckley, The Evolution of Fintech: A New Post - Crisis Paradigm Georgetown Journal of International Law, VOL. 47, NO. 4, 2016, PP. 1271 - 1319.

乏、监管模式滞后和监管效率较低等问题非常突出，在传统会计监管维度之外增加科技驱动维度、多元善治维度，提高会计监管效率和安全，从而更好地应对会计智能化可能产生的风险以及由此引发的监管挑战，并促进政府会计监管创新。

7.4.2 当前会计监管中的科技局限

会计领域正面临大数据、云计算、人工智能、区块链等不断交替创新的科技发展带来的最深最大的技术革命和传统会计理论与实务模式的变化，甚至由此很多人对初级财务会计已经不看好，无论是理论界还是实务界普遍认为科技从根本上开始改变现行业务模式和监管框架。当前，政府会计监管中的科技局限主要体现在以下三点。

1. 政府会计监管中的监管者对科学技术缺乏了解、知识更新较慢成为会计监管中的短板

监管者无法与科技创新者同步掌握新技术、新科技，使监管者因为缺乏技术支持无法实施有效的会计监督。同时，监管者未有主动邀请科技企业参与监管，科技企业未能充分发挥对监管的促进作用，也未被明确纳入现有政府会计监管体系中，对会计实务、会计监管活动具有重要影响的科技企业未得到监管主体（政府、股东、社会公众）的足够重视。现有的监管者对关键技术和数字科技的含义理解不深，容易出现监管活动的偏差，进而出现较大的监管漏洞[①]。会计科技的作用使会计信息的提供者与需求者之间的链条大大缩短，费用下降，在会计信息提高效率、降低成本的同时，会计实务中存在的风险却更加隐蔽、突发、负外部性，以致会计风险传递速度加快、波及面更广，使技术性风险和操作性风险更容易演变成系统性风险。

2. 信息不对称是政府会计监管的困局

科技创新游离在监管体系之外，容易引发监管空白。数据是会计信息的重要来源，准确、翔实的数据是高质量会计信息的保障。现实中，信息不对称是会计监管活动无法顺利进行的障碍，表现在关键数据不存在或监管者在履行职责时使用了错误的数据，作出错误的判断。监管对

---

① 李文红、蒋则沈：《金融科技（FinTech）发展与监管：一个监管者的视角》，载于《金融监管研究》2017 年第 3 期。

象、监管时机和监管方式依赖数据的支持，识别监管对象、确定监管重点方向、选择监管时机在信息不对称的条件下都难以完成，继而引发无序和风险。在科技日新月异、数据成千上万、信息杂乱无章、路径应接不暇的会计监管环境下，准确筛选监管对象、监管时机和监管方式并非易事，会计监管者很容易陷入缺乏充足信息的盲目监管和消极监管的困局①。会计监管者依据碎片化或错误信息作出决策，会影响整个会计监管系统的有效运转和安全稳定。

3. 监管法律法规的滞后是政府会计监管的缺陷

会计监管创新与监管的法律、法规、原则之间存在不同步缺陷。任何会计监管制度都是该时期会计监管理念的集中体现。会计监管模式探索及创新肯定先于现行法规，稳定严谨的法规、原则不可避免地会滞后于时代发展。随着大数据、区块链、人工智能的迅猛发展，会计监管的创新能力越来越强，利用新科技设计出很多新的会计监管手段和方法。伴随着创新速度的加快，监管法律法规的制定和实施却未跟上时代步伐，表现出滞后性。传统会计监管框架是事后的监管模式，主要作用和目的是防范过去发生的不合规会计活动重演。现有会计监管法律的预见能力有限——一是现存监管规定无法适用科技主导的新事物，二是现有行为随着科技的发展而逐渐淘汰，使会计监管模式和法律法规出现深层次不足和设计缺陷，会计监管立法迟缓导致相应制度供给严重不足。

面对科技的快速发展，传统会计监管模式出现新的局限：技术缺乏了解、更新较慢，信息不对称，监管法律法规滞后等。因此，结合当前的社会技术发展实际，充分发挥科技和数据的作用，寻求探索会计监管体系的新维度——科技维度，已经成为新时代政府会计监管改革的未来研究方向之一。

7.4.3 会计科技监管的二维度：科技与治理

科技和会计的二元融合和互相渗透与影响，加速推进了会计实务与会计活动的变化，进而引起会计监管模式改革和体系重构，传统的事后

① Mark Fenwick, Wulf. Kaal and Erik Vermeulen, “Regulation Tomorrow: What Happens when Technology Is Faster than the Law?” Lex Research Topics in Corporate Law & Economics Working Paper, NO. 2016 - 8.

监管模式已无法适应科技驱动下会计创新频发的经济市场环境。因此，在传统政府会计监管维度之外，增加科技维度，形成监管科技和国家治理融合的监管体系成为今后政府会计监管改革的方向。增加了科技维度的政府会计监管模式是对传统意义上的政府会计监管的一种考验和挑战，采用与监管科技和国家治理匹配的科技监管模式适应了会计监管的新趋势，契合了会计科技创新的技术性特点。

1. 科技维度：监管科技

科技维度的监管是依靠大数据、云计算、人工智能、区块链等技术构建科技驱动型监管体系。以数据驱动监管为核心，各种新技术为手段构筑会计监管体系，突破传统政府会计监管的局限，创新监管方式，保护投资者利益，维护会计秩序稳定。

虽然学术界对监管科技的定义还未形成一致意见，但是对实现党的十九大提出的“不断推进国家治理体系和治理能力现代化”的目标寄予厚望。科技监管既是理论层面的研究范畴，也是深化改革、探寻解决深层次问题的实践途径和方法。科技监管的模式、主体、对象、范围等都与“不断推进国家治理体系和治理能力现代化”密切相关。科技不仅是监管风险的手段，也是监管变革的机遇。不断完善推陈出新的科学技术如区块链、云计算、互联网、大数据、人工智能等，极大地提升了社会各个行业的监管质量和效率。

“regulation”与“technology”两个词合成了“regtech”。2015 年 3 月，“regtech”这个词首次出现在英国的政府研究报告中。从此以后，监管机关和政策制定及决策者开始使用“regtech”一词，并逐渐被世界范围的监管者和管理者接受。“regtech”是通过使用创新科技对监管实施准确的数据分析、有效的监控、风险管理的自动化解决方案设计等。英国金融行为管理局（FCA）将“regtech”划为“fintech”的一个分支。狭义的“regtech”是指监管机构内部的监管活动在科技手段的辅助下合规性更强，是对自动化监管报告或数据处理的合规性监管。

在“regtech”的两个发展阶段中，第一阶段注重技术的应用，以量化的内部风险管理系统为基础，降低监管成本和监管复杂性。第二阶段注重数据的深度挖掘和边际效率，利用身份验证、风险建模、数据聚合等技术，自动分析大量的相关和非相关、公开和非公开的数据，利用云计算、区块链、人工智能等新技术寻找风险点、降低执行监管政策和制度规范的合规成本。另外，监管者对监管科技表现出前所未有的关注：一是努力提高自己的数据分析能力；二是紧跟监管科技日新月异的变化趋势。监管主体和监管机构如果不采用云计算、区块链、人工智能等新的监管科技，将面临严重的信息不对称、监管套利，出现复杂的系统性风险。因此，监管者对监管科技的态度从最初被动使用到现在主动渴望，反映出科技维度的加入提高了监管的效率，降低了成本，使监管主体受益，符合当前经济环境的变化，顺应时代发展，科技维度也为传统人为监管模式向自动化监管模式转变作出贡献。

传统监管体系中加入科技维度构建出科技驱动型监管，侧重于监管者依靠科技手段获取信息，体现了科技驱动型监管的实时、动态、高效的特点，发挥了监管科技的优势，有利于解决技术缺乏了解、更新较慢，信息不对称，监管法律法规滞后等问题。科技驱动型监管通过动态、有序、主动、实时地监管，实现多元共治的监管目标，对众多利益群体参与的信息共享机制进行监管，真正实现了实时、前瞻、上下有序、科技支撑的透明监管体系。

2. 治理维度：科技治理

新科技、新技术的出现、发展与会计监管的融合催生了新的治理模式——二维度会计监管体系：科技与治理。科技维度的加入形成了合法、合规的“众管”环境，控制了传统监管方法无法防范的风险。监管者面对会计监管科技的低效和缺陷，必将在传统会计监管内涵、原则、主体、实施手段、法律法规等的基础上重构科技驱动型会计监管体系。

一方面，随着科技的发展和深入，会计风险的影响广度、发生方式、风险结构、传播速度等都与传统的会计风险有了区别，出现的新型会计风险未有相关监管规则、方案和预案的处理和防范，传统会计监管理论无法有效应对科技治理的监管需求，采用科技治理是解决此问题的重要路径。

科技治理的逻辑路线是根据规则监管——原则监管——科技治理演进来的，科技治理是以实时、动态、透明的智能监管模式，弥补传统政府会计监管模式不足，进一步提高政府会计监管的效率，而不是对传统会计监管制度、理念、规则的简单替代。

规则监管以法律为基础，监管重点是监管对象的业务流程和程序的合规性，因此极易出现“法治监管”现象，即“重法律形式，轻经济实质”，忽视了活动结果和经营行为的监管。原则监管强调监管目标的实现和结果的有效。但是，原则监管在赋予监管机构自由裁量权的同时存在内生性，即构建良好的监管关系与监管违规和执行困难的矛盾、监管者与被监管者之间的信任度问题。

科技治理的参与避免了上述两种监管模式的缺陷。科技治理能够有效控制资金端和资产端，最大限度地防范会计领域可能出现的新风险、进一步强化会计监管的权威和效率。传统会计监管致力于维护整个会计体系的稳健与秩序，强调资产端的风险规避，但由于缺少技术手段支持，无法控制资金端的风险，风险有向投资者转移的倾向，损害了资金端的中小投资者利益，致使整个会计监管体系失灵。科技维度加入后，在大数据、云计算、人工智能和区块链等辅助和支持下，可以快速、准确地识别资金端中不同投资者的偏好结构、投资行为以及存在的潜在风险，并进行实时、动态监管，实现了资金端和资产端的同步监管治理。

7.4.4 科技驱动型政府会计监管的实现路径

从规则治理到原则治理再到科技治理，其中的核心理念是智能、准确、透明等，因此要在此基础上，构建实时、动态的科技驱动型会计监管体系。科技驱动型会计监管以数据、多样化手段为本，主要进行数据聚合、大数据处理和解释、建模分析与预测。在监管过程中，充分挖掘有效相关数据，在对这些数据进行收集、报告、管理和分析的基础上，使会计监管模式从过去努力“了解监管对象”转变为“了解监管数据”。多元共治、信息共享的监管机制、智能化动态监管机制是科技驱动型政府会计监管的重要实现路径。

1. 多元共治、信息共享的监管机制

企业会计信息具有向市场主体、监管者、社会公众强制披露的义务，由于会计信息披露主体的各种私人目的，经常出现会计信息造假和不主动提供的现象，导致政府会计监管失效。这种“自上而下”的会计监管体系使监管者和被监管者成为对立面，监管者面对新问题和新风险不知所措、应对低效，同时被监管者极力逃避监管者的监督。

在构建加入科技维度的监管模式中，监管者和被监管者可以同时获取有效的会计监管数据，监管活动由被动变为主动、由“自上而下”变为“相互监管”，监管者与被监管者双方平等获取信息、共同建立信息共享机制，通过数据共享形成一个有机的交互监管系统。在科技治理模式下，信息主体更加多元，企业既是会计信息的披露者也是信息的使用者，政府既是监管者也是受社会公众监管的被监管者。在多元共治、信息共享的监管机制中，数据是多元群体关注的共同话题。监管者和被监管者、会计信息提供者和会计信息使用者是平等主体，并且相互之间是公开透明的，这种会计监管结构有助于各个利益相关者全方位了解政府设定的监管目标。因此，科技维度加入的新型会计监管模式由单一治理转为多元共治，监管主体由层级制转为扁平化结构。同时，区块链保证了数据的透明性，使监管者能够及时获取监管对象的原始且真实的信息，杜绝虚假会计信息的出现。

2. 智能动态会计监管机制

基于人工智能的监管系统可以即时、自动地对被监管者进行监管，防止出现监管缺失的现象。智能化的动态监管机制使监管更加透明和自动化，监管程序更趋完善。智能自动化减少了监管主体工作量、提高了数据管理水平、丰富了市场监测手段，智能自动化的动态监管模式有利于高效识别风险、促进会计治理手段现代化。动态智能监管的核心是监管的数字化，即监管规定、监管政策、监管程序都要进行数字化的描述。数字化的优势是没有人工干预、减少自由裁量、实现动态连续等，在此基础上可以建立统一的执行标准。会计信息供给端和会计信息需求端在使用数字化智能程序进行处理后，极大地降低了会计信息生产成本、简化了会计信息整理程序、提高了会计监管效率。

科技驱动型会计监管通过对微观层面的实时监管，及时掌握风险点，弥补传统会计监管模式的缺陷。技术创新给会计监管带来了新的监管内容和方法，在过去技术是辅助工具，而今后监管科技将成为提升监管能力、效率的核心因素。科技治理以科技变革为核心，通过增加科技维度强化会计监管体系，将人工智能、大数据、区块链等科技手段运用到会计治理中，实现对会计活动的动态、准确、透明、高效监管。

第8章 国家治理框架下的政府会计监管指数构建

8.1 政府会计监管机制与动态评价指数

国家善治是在多元主体的共同努力下，优化运行机制，实现社会公共利益和效率最大化。会计善治是追求整个会计领域的好秩序、好信息、好规制，是会计监督目标的实现路径。从前文列举的现有会计监督体系存在的不足可以看出，政府监督、社会监督、单位内部监督构成的会计监督手段相对落后，与“共治、善治”理念不匹配，以政府为主导的会计监督机制应有所创新。

在国家治理理论中，从“治理”到“国家善治”是中国学者从理论上对治理目标的重新定位，从“治理”到“治理绩效评价”是从实践上对治理机制的探索（彭莹莹和燕继荣，2018）。本章在分析多个利益相关者行为偏好的基础上，以“维护社会秩序、增进公共利益、实现会计善治”为终极目标，以“资源配置高效、会计信息负外部性最小、体现公平分配”为现实目标，构建会计监督评价指数。通过多元主体共同参与监督治理，建立持续发布、动态管理的指数体系，运用指数衡量、评价和监督会计活动的合规性、效率性、公平性，将监督指数定期持续动态发布，并对被评价者进行排序，提高会计监督绩效，最终实现“会计善治”。

科技和会计的二元融合与渗透，极大地推动了政府会计监管的改革步伐，科技驱动型监管是新型会计监管的发展方向，监管科技、科技治理、动态评价是解决当前政府会计监管中存在的监管失灵与过度监管并存、效率低下、方法陈旧、监管空白、粗暴监管等问题的有效手段。因此，当前要以“科技驱动、数字化”为核心，构建政府会计监管动态评价指数，创新监管工具和方法，提高会计监管能力和国家治理水平。

因此，善治导向的会计监督的目标是降低会计信息的外部性，实现各类利益相关者的利益协调，而会计监督体系的有效运行有赖于各方监督主体对会计信息质量持续、综合的评价。但当前会计信息质量的监督评价缺少一个多元参与、动态持续、清晰简明、量化反映的专门指数，难以满足国家治理框架下善治导向的会计监督体系有效运行的需求。以“资源配置高效、会计信息负外部性最小、体现公平分配”为现实目标，构建会计信息质量综合评价指数势在必行。通过多元主体共同参与监督治理，建立持续发布、动态管理的会计信息质量综合评价指数，进而提升新“三位一体”会计监督的权威性和社会影响力，用“评价”助“监督”、用“指标”定“标准”、用“排序”促“自律”，提高会计监督绩效，最终实现“会计善治”。

8.2　动态综合绩效评价

8.2.1　绩效评价的方法及选择

绩效评价有多种方法，常见的有声誉评价法、内容分析法和综合评价法。声誉评价法是指通过发放调查问卷，由被调查者对问卷中不同制度参与者的相关指标进行打分，每个制度参与者的得分总和就是它的声誉分值。被调查者的回答依据主要是报纸、网站、公益广告、年度报告和其他媒体对制度参与者从事会计监管活动的各种报道，方法简便易行，但是存在以下缺点：一方面回答质量取决于被调查者对制度参与者的了解程度，受制于规模、年限、是否受媒体关注和问卷应答者经历等多种因素的影响；另一方面问卷篇幅有限，且每一次的受访量不会很多，限制了大样本的使用。

内容分析法是指通过对制度参与者公布的各类报告或文件进行分析，依据涉及会计监管信息的字数、句子数或者页数的多少或长短赋值，据此对会计监管信息作出总体评价。这种方法依据比较可靠，可以广泛运用于大样本中。但是字数、句子数或者页数等项目好坏的确定主观性太强，收集、分析工作量比较大，且不利于各小类的统计。

综合评价方法是根据不同的评价目的，利用被评价对象的各种属性信息，建立合理的指标体系，采用科学的评价方法和集结方式，对被评价对象进行排序的过程。这种方法对被评价对象进行客观、公正、合理的评价，在若干个系统中，确定出哪个系统发展状况好，哪个系统运行状况差。综合评价方法的优点是在公平考察的基础上，对被评价对象进行排序，区分优良高低。本章选择此种方法。

8.2.2 动态综合绩效评价的逻辑过程

动态综合评价是各要素之间信息流动、组合的过程。首先，明确评价目的，确定评价客体 S，…，S_n 并分类；其次，建立评价指标体系，确定指标 x_1，x_2，…，x_n，对指标进行预处理，得到 $\{x_{ij}\}$；再次，确定指标权重系数，建立综合评价模型 $y = f(w_1, \cdots, w_m \mid x_1, \cdots, x_m)$；最后，计算各评价对象的综合评价指数 y_i，依据 y_i 大小对 $\{S_i\}$ 进行排序，见图 8－1。

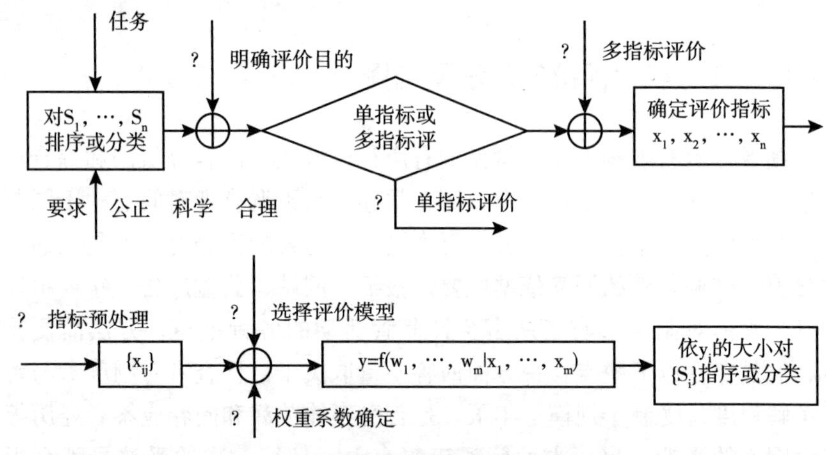

图 8－1　动态综合绩效评价的逻辑过程

资料来源：郭亚军：《综合评价理论、方法及拓展（第 2 版）》，科学出版社 2015 年版。

8.2.3 会计信息质量综合评价指数的框架设计

首先，在明确评价目标的基础上，由政府（财政部门牵头，人民银行、证监会等其他政府机构协助）按地区、行业、人群层次等进行调查和抽样，确定评价主体和评价客体。

其次，建立评价指标体系，对指标进行预处理。动态评价指标是把会计监督拟实现的目标、使用的方法、达到的效果等指标化。“善治”导向的会计信息质量评价指标应按照相关性、重要性、可衡量性、前瞻性等原则，以“协调利益分配、多元共治、依法善治”为目标对指标进行设计和选择①。

再次，确定指标权重系数，建立综合评价指数模型。会计信息质量指数是多维度测量的综合指数，每个维度由若干个次级指标构成。测评的基本思路是计算单个维度指数，运用 Delphi 法等确定各维度、各次级指标的权重，最终形成会计信息质量综合评价指数。由此获得的指数既可以对各评价客体进行相对位次的排序，也可以与自身以往的历次指数进行比较，便于会计监督主体动态管理、会计信息使用者理性决策。

最后，由调查抽样选定的评价主体对评价客体打分，计算指数。以政府为主导，综合各方监督主体并充分发挥信息技术和新闻媒体等舆论工具作用，定期（可以1年多次）对会计信息质量进行打分，计算并发布会计信息质量指数。通过定期发布的指数，揭示会计信息质量的动态变化和趋势，反映各利益相关者对会计信息质量的满意度，为今后改进会计监督方法和手段提供依据和方向。

8.3　动态综合评价指标设计及筛选

8.3.1　动态综合评价指标构建原则

1. 公平与效率原则

公平是政府会计监管的重要原则和责任。政府会计监管一直致力于

---

①　指标的最终确定需要运用科学的方法进行测算、筛选、检验和修正，这也是本章后续研究内容。众多机构和学者研究建立了衡量国家治理能力的指标评价体系，世界银行从“理念”“政策”“操作”三个层面，确定6类国家治理绩效评价指标：话语权与责任、政治稳定性、政府和制度效能、规制质量、法治、腐败控制。我国学者也建立了中国社会治理指数（俞可平，2012），包含6个一级评价指标：人类发展、社会公平、公共服务、社会保障、公共安全、社会参与。

维护社会公平和经济秩序稳定。效率是有限资源的最佳配置，但现实中，市场失灵普遍存在，影响了资源最优配置。通过政府会计监管的实施，有助于纠正负的外部性、信息不对称等问题，提高市场有效性。动态绩效评价指标的选取既要强调公平，更要关注效率，协调好公平与效率的关系，实现公平与效率的统一。

2. 可测与可比原则

从微观上讲，政府会计监管的绩效评价不仅涉及财务问题，也涉及社会学、经济学、数学等非财务问题，有时后者更为突出。一般情况下，定量，尤其是财务性指标优于定性或非财务性指标。动态绩效评价指标的选取要特别注重指标的可测性和可比性，以定量指标为主、定性指标为辅，多选取公认或一般指标，少选取特殊或个别指标。

3. 稳定与动态原则

动态评价指标内容和口径在一定时期内应保持相对稳定，这样便于比较和分析评价指数的对比性和有效性，预测未来发展趋势，把握今后发展方向。同时，事物是运动的，绝对不变的指标不存在，也不符合事物运动的规律，评价指标体系应随着新事物、新情况的出现与变化而有所改变。因此，政府会计监管动态绩效评价指标的选取既要保持相对稳定性，又要考虑环境的动态性。

4. 科学与系统原则

政府会计监管绩效评价是一个复杂的系统工程，绩效评价指标的选取、权重的计算、数据的测量必须以公认的科学理论与方法为依据，对内外系统因素之间的关系作出准确、全面的分析、描述和评价。政府会计监管指数涉及经济、社会等多个方面，必须作出系统全面的评价，不能“只见树木，不见森林”。动态绩效评价指标的选取应注意评价要素之间的层次性、网络性以及它们之间的相互关系，避免内生性。

5. 多元善治原则

法治、透明、平等、协同等属性是国际社会对“多元善治”原则总结的基本特点。多元善治是使社会公共利益最大化的管理过程，本质是政府与公民的协同合作、政府与市场边界清晰、政府与社会和谐相处的新型关系。在政府会计监管指标选择中应充分体现国家治理理念，体现多元善治的原则。

8.3.2　动态综合评价指标设计

指标是按照一定的统计方法，对总体各单位的标识进行计算、加工和综合而形成的，用来反映总体的某一数量或质量特征的一个或一组概念。一般包括指标概念和指标数值两部分内容。指标体系则是由若干相互联系的具体指标所组成的有机整体，即将抽象对象按其本质属性和特征的某一方面的标识分解成为具有行为化、可操作性的结构，并对每一具体指标赋予相应权重的过程。

动态评价指标是把会计监督拟实现的目标、使用的方法、达到的效果等指标化。1996年，世界银行建立了衡量国家治理能力的指标评价体系，从“理念”“政策”“操作”三个层面，确定6类国家治理绩效评价指标：话语权与责任（voice & accountability）、政治稳定性（political stability）、政府和制度效能（government & polices effectiveness）、规制质量（regulatory quality）、法治（rule of law）、腐败控制（control of corruption）。我国学者也建立了中国社会治理指数（俞可平，2012），包含6个一级评价指标：人类发展、社会公平、公共服务、社会保障、公共安全、社会参与。本章在国家治理框架下，结合上述研究成果，按照相关性、重要性、可衡量性、前瞻性等原则，以“增进公共利益、维护公共秩序”和“多元共治、依法善治”为目标对指标进行设计和选择，提出“经济效率、社会公平、风险控制、会计信息质量、持续优化能力”5项一级指标和15项二级指标①。

经济效率：在会计监督和评价中，会计监督状况的好坏与经济目标达成度、资源利用率密切相关。经济目标达成度取决于规范的会计活动，良好的会计秩序来源于高效的会计监督。资源利用率反映会计监督目标中的“资源配置效率（现实目标）”和“增进公共利益（终极目标）”。经济目标达成度与资源利用度有助于衡量会计监督的最终成果。

社会公平：社会公平是会计善治的基本要求。用3个指标反映社会公平程度：法律制度完善性、社会责任履行情况、社会参与广泛性。法律制度完善体现依法善治的理念，完善的法律制度是社会公平的基础。

---

① 指标和指标权重的最终确定还需要运用科学的方法进行测算、筛选和调整，如德尔菲法等，这是本章后续研究内容。

社会责任履行情况是对社会公平的响应，是衡量社会公平及道德责任的主观指标，体现社会的共同价值观和追求会计善治的自觉性。社会参与广泛性反映多元主体参与会计监督的机会、权力、渠道的公平程度以及主体性、能动性的发挥程度，有助于衡量会计监督指数的有效性和社会认可度。

风险控制：风险控制是衡量会计监督状况的一个重要维度，包括战略风险、经营风险、合规性风险，反映危害会计活动的因素是否处于可控状态以及会计行为的理性化和责任化，有助于衡量“社会有序、会计善治”目标的实现程度。

会计信息质量：会计监督状况好坏直接体现为会计信息质量的高低，是结果指标。本章选取3个二级指标：会计信息真实可靠、相关公允、清晰透明，这些指标有助于评价会计监督现实目标“会计信息外部性最小、体现公平分配”的达成度。

持续发展能力：持续发展能力是社会不断进步的源泉，是衡量经济发展、社会善治的标尺。包括4个二级指标：风险评估合理性、监督机制有效性、创新能力持续性、组织文化先进性。风险评估合理性反映会计监督体系的风险预测能力，如资产潜在损失、投融资失误等。监督机制有效性是体现会计治理能力的综合指标，有助于衡量会计活动的规范性、效率性。创新是组织的核心竞争力，创新发展水平体现指标的前瞻性原则，反映会计治理的持续优化能力和未来努力方向（见表8-1）。

表8-1　　会计监督动态评价指标

	一级指标	二级指标	参与主体
会计监督动态评价指标	经济效率	经济目标达成度	abcd
		资源利用效率	abcdef
	社会公平	法律制度完善性	abcde
		社会责任履行情况	abcdef
		社会参与广泛性	abcdef
	风险控制	战略风险	abde
		经营风险	abde
		合规性风险	abcdef

续表

	一级指标	二级指标	参与主体
会计监督动态评价指标	会计信息质量	会计信息真实性、可靠性	abcdef
		会计信息相关性、公允性	abcdef
		会计信息清晰透明	abcdef
	持续优化能力	风险评估合理性	abcde
		监督机制有效性	abcdef
		创新能力持续性	abcdef
		组织文化先进性	abcde

注：政府会计监督主体为 a，股东为 b，公共受托经济责任人及政府会计监督主体之外的政府其他部门为 c，单位负责人为 d，债权人为 e，社会公众为 f。

8.3.3　动态综合评价指标筛选

1. 评价指标的筛选方法

（1）模糊综合评价法内涵与优缺点。

加利福尼亚大学的控制论专家扎德（Zadeh）在发表的《模糊集合》中，将模糊综合评价法应用到各个领域。一般步骤如下：

第一步，将影响事物的各因素按其不同属性划分为 s 个互不相交的因素集 $U=\{U_1, U_2, U_S\}$。

第二步，对每个因素子集 $U_k(k=1, 2, \cdots, s)$ 进行初级综合评判。具体是：

一是根据 $U_k\{U_{k1}, U_{k2}, \cdots, U_{km}\}$ 中各因素所起作用大小定出权数分配 $A_k\{A_{k1}, A_{k2}, \cdots, A_{km}\}$ 且 $\sum_{j=1}^{k} a_{kj}=1$；

二是设 $V=\{v_1, v_2, \cdots, v_n\}$ 为评价集。一般由专家对各评价对象作出优、良、中、较差和差五级；

三是按照评价集的等级评定出 U_k 中的每个因素 U_{ki} 对 V_j 的隶属度 $R_{kij}(i=1, 2, \cdots, m; j=1, 2, \cdots, n)$，并组成单因素评判矩阵 $B_k=A_kR_k=\{b_{k1}, b_{k2}, \cdots b_{kn}\}$ $(k=1, 2, \cdots, s)$。

第三步，对 U 进行综合评判。

一是将 U_k 看成是 U 上的 s 个单因素；

二是按 U_k 在 U 中所起作用的大小，给出其权重分配 $A=(a_1, a_2, \cdots, a_s)$；

三是由各 U_k 的评判结果 $B_k(k=1, 2, \cdots, s)$ 得出总的单因素评价矩阵：

$$R=\begin{pmatrix} B_1 \\ B_2 \\ \vdots \\ B_s \end{pmatrix}=\begin{pmatrix} b_{11} & b_{12} & \cdots & b_{1n} \\ b_{21} & b_{22} & \cdots & b_{2n} \\ \vdots & \vdots & \cdots & \vdots \\ b_{s1} & b_{s2} & \cdots & b_{sn} \end{pmatrix}$$

则可得出 U 的二级综合评价模型：

$$B=A\cdot R=A\cdot\begin{pmatrix} A_1 & \cdot & R_1 \\ A_2 & \cdot & R_2 \\ \vdots & \cdots & \vdots \\ A_s & \cdot & R_s \end{pmatrix}=A\cdot\begin{pmatrix} B_1 \\ B_2 \\ \vdots \\ B_s \end{pmatrix}=(b_1, b_2, \cdots, b_n)$$

根据最大隶属度原则，结合评语集，作出综合评价。

这个方法解决了判断的模糊性和不确定性，所得结论是唯一向量，克服了传统数学方法结果单一的缺陷，但存在确定权重的主观性太强、评价指标内生性等问题。在某些情况下，隶属函数的确定还有一定的难度。

（2）层次分析法的内涵与优缺点。

层次分析法（AHP）是定性与定量相结合处理多目标决策的重要方法。自 20 世纪 70 年代萨蒂（Saaty，1977）将其开发以来，在与多目标决策相关的领域得到广泛的研究和应用，基本步骤如下：

第一步，将复杂问题的各个指标分解为多个有内在逻辑关系的层次，各层次的元素大致地位相等，各层次之间又存在一定联系，各元素按隶属关系从目标层、准则层和方案层建立递阶层次模型。

第二步，确定每一层次内各因素对上一层次有关因素的相对重要性，即权重，构造判断矩阵。

第三步，求出某一层次上各指标对其上层指标相对重要性的权重，即进行层次单排序。如方根法的计算步骤如下：

一是计算判断矩阵每一行元素的乘积：

$$M_i=\prod_{j=1}^{n} a_{ij}, \quad i=1, 2, \cdots, n$$

二是计算 M_i 的 n 次方根：

$$\tilde{W}_i = \sqrt[n]{M_i}$$

三是对向量 $\bar{W} = (\tilde{W}_1, \tilde{W}_2, \cdots, \tilde{W}_n)$ 归一化：

$$W_i = \tilde{W}_i \Big/ \sum_{j=1}^{n} \tilde{W}_j$$

则 $w = (W_1, W_2, \cdots, W_n)^T$ 为所求的特征向量。它们代表了该层次因素对上一层次某因素影响程度的大小。

第四步，对判断矩阵进行一致性检验。基本步骤如下：

一是计算判断矩阵的最大特征根：

$\lambda_{max} = \sum_{i=1}^{n} \frac{(AW)_i}{nW_i}$，其中 $(AW)_i$ 表示向量 AW 的第 i 个元素；

二是判断矩阵的偏离一致性指标：

$$I_c = \frac{\lambda_{max} - n}{n - 1}$$

三是判断矩阵的平均随机一致性指标 I_c。一般形成 1 ~9 阶判断矩阵。

四是计算判断矩阵的随机一致性比率：

$$R_c = \frac{I_c}{I_R}$$

当 $R_c < 0.10$ 时，表示判断矩阵具有满意一致性，否则需要调整判断矩阵，以满足上述要求。

层次分析法可以处理许多传统方法无法解决的实际问题，应用范围比较广泛。同时，在运用该方法的整个过程中，有判断、分解、辩证系统原则，该原则有利于解决复杂的决策问题。

政府会计监管的绩效评价是典型的多指标的综合评价问题，在筛选评价指标时监管者的主观判断较强、客观性较弱，而且绩效评价结论具有模糊性。模糊综合评价法解决多因素、模糊性、主观判断性的缺陷，层次分析法保持绩效评价的过程具有条理性和科学性，因此在绩效评价中经常将层次分析法和模糊综合评价法集成确定各指标的权重并进行综合评价，即模糊 AHP 法。

2. 动态绩效评价指标筛选

在上述评价指标初步设计的基础上，对初选的 19 项二级指标进行筛选，每个指标分为很重要、重要、较重要、一般和不重要，分别赋值 5 ~1 分，经过专家打分，计算每项指标的算术平均值和变异系数，剔除平均值较小或变异系数较大的指标，最终筛选出有效评价指标。

设该指标体系有 H 个指标，有 P 位专家对这些指标进行评价。

首先，意见集中度用 $\hat{E}_i$ 表示，则式（8－1）：

$$\hat{E}_i = \frac{1}{P}\sum_{j=1}^{5} E_i n_{ij} \tag{8-1}$$

在式（8－1）内，$\hat{E}_i$ 是专家对该项指标打分的算术平均值，代表第 i 个专家对指标意见的集中度，它的大小即是指标重要程度的大小；E_i 为指标 i 第 j 级重要程度的评分；n_{ij} 表示将第 i 个指标的重要程度评为第 j 级的专家人数。

其次，协调程度用变异系数 V_i 表示为式（8－1）和式（8－3）：

$$S_i = \sqrt{\frac{1}{P-1}\sum_{j=1}^{5} n_{ij}\,(E_j - \hat{E}_i)^2} \tag{8-2}$$

$$V_i = \frac{S_i}{\hat{E}_i} \tag{8-3}$$

在式（8－2）中，S_i 表示专家对第 i 个指标重要程度评价的离散程度，$\hat{E}_i$ 越大，专家对该项指标的重要程度认可度越高；S_i 越大，专家意见越离散。由于 $\hat{E}_i$ 和 S_i 均为绝对指标，两者的结果可能存在偏差，因此引入式（8－3）V_i 进行筛选，$\hat{E}_i$ 越大、S_i 越小，那么 V_i 的值越小，则该指标就越重要。通过计算，筛选出意见集中度比较高以及变异系数比较小的指标，建立动态综合评价指标体系。

8.4　动态评价指数模型构建：具有激励（或惩罚）特征的动态综合评价体系

8.4.1　确定权重系数

对企业 S_i 进行综合评价时，设 x_{ijk}（$i=1, 2, \cdots, n$；$j=1, 2, \cdots, m$；$k=1, 2, \cdots, N$）为企业 S_i 在 t_k 时刻评价指标 x_j 的观测值，指标 x_j 的权重系数为式（8－4）：

$$w_{jk} = \frac{\sigma_{jk}}{\sum_{i=1}^{m} \sigma_{jk}}, \; j=1, 2, \cdots, m; \; k=1, 2, \cdots, N \qquad (8-4)$$

式（8－4）中，

$$\sigma_{jk}^2 = \frac{1}{n}\sum_{i=1}^{n} (x_{ijk} - \bar{x}_{jk})^2, \; j=1, 2, \cdots, m; \; k=1, 2, \cdots, N$$

其中，

$$\bar{x}_{jk} = \frac{1}{n}\sum_{i=1}^{n} x_{ijk}, \; j=1, 2, \cdots, m; \; k=1, 2, \cdots, N$$

8.4.2 具有激励（或惩罚）特征的动态综合评价指数

政府会计监管的动态综合评价体系既要对违规行为进行惩罚，又要激励企业主动契合政府会计监管目标、自我约束，引导企业会计行为最大限度契合政府会计监管目标。研究发现，激励和惩罚是提高会计治理效率的有效方法，企业、会计师事务所、行政事业单位对处罚和激励的关注度非常高（曾月明，2012）。式（8－5）是企业 S_i 在时刻 t_k 处具有激励（或惩罚）特征的动态综合评价排序指数：

$$h_{ik} = y_{ik} + \lambda_k (y_{ik} - y_{i,k-1}), \; i=1, 2, \cdots, n; \; k=2, 3, \cdots, N \qquad (8-5)$$

式（8－5）中 λ_k 为激励（或惩罚）因子，企业 S_i 的综合评价指数不仅取决于综合评价值 y_{ik}，也取决于激励（或惩罚）变量 λ_k。激励因子 λ_k 的值可以通过某种方式事先给出。

当 $\lambda_k \equiv 0$ 时，即为普通的综合评价排序指数为式（8－6）：

$$y_{ik} = \sum_{j=1}^{m} w_{jk} x_{ijk}, \; i=1, 2, \cdots, n; \; k=1, 2, \cdots, N \qquad (8-6)$$

8.4.3 动态评价指数的社会应用

按行业随机抽样选定被评价客体，在测度和调整微观（法人主体）层面评价指数的基础上，获得中观（分行业）层次的监督评价指数，通过分析各行业的指数特点，发布和预测宏观（全社会）层面的会计监督评价指数和发展趋势。

综上所述，会计监管的动态综合评价是以政府为主导，从公司治理、内部控制、利益相关者满意度等维度建立的评价指标体系，对上市公司、国有企业（试点）的会计行为和会计信息质量进行科学、公正、合理的量化判断，适度加入激励和惩罚因素，将评价结果以指数的形式公布并进行排序，为利益相关者提供决策依据，同时引导被监管单位按照指标体系中的监管内容主动规范自己的会计活动和行为。

第9章　对我国政府会计监管的政策建议

9.1　明确政府会计监管目标和职能定位

推进国家治理体系和治理能力现代化是我国全面深化改革的目标。良好的国家治理体系能够提高治理能力，提高国家治理能力才能充分发挥国家治理体系的效能。国家治理理念和治理体系的转变为会计监督改革指明了方向。在当前社会背景下，政府会计监管改革要主动适应国家治理模式的变化，从协同、整体的视角重新界定政府会计监督目标、职能等基本内涵；明确政府会计监督行为的实现目标、会计监督与国家治理的内在逻辑关系。

9.1.1　设立正确的政府会计监管目标

从本质上说，政府会计监管是纠正由会计产品“负外部性”而引发的市场失灵，不适应会计环境的会计监管目标不仅无助于改善市场失灵，还会加剧会计失灵，进而引发市场失灵。亚当·斯密在《国富论》一书中说道，市场机制发挥作用应满足三个前提条件，一是完全竞争市场，二是市场不存在外部性，三是政府不向社会提供公共产品。在现代社会背景下，市场经济必须建立在公平竞争的基础之上，公平竞争同时也是经济活动繁荣、规范的前提条件。只有利益相关者平等地获取会计信息，才能辅助会计信息使用者作出正确的决策，使市场经济保持活力，且有效地运转和发展。会计信息的外部性和公共物品的属性容易导致会计信息的不对称、信息不完全披露，进而降低会计信息质量。政府与市场是现代经济的两大主导力量，面对会计信息失灵，政府应该加大监管力度，提高监管效率。

在国家治理的格局下，政府会计监管旨在通过政府干预，削弱会计信息的不对称性，提高企业会计信息披露的充分性，提升会计信息的质量水平，营造公平的竞争环境。与其他利益相关者相比，政府的监管在会计监管过程中是无可替代的，会计监管也必须要凭借行政力量才能确保监管活动的权威性和有效性。因此在会计监管过程中，政府要充分发挥主导作用，制定行之有效的监管目标和执行方案，使政府的会计监管做到最优。

目前，传统的政府会计监督目标是提高会计信息质量、强化行政监管和经济监督，主要反映了政府在会计监管中的责任性和经济性，没有体现新环境下会计监管应具有的公平、共治、秩序等特征。国家治理框架下的政府会计监管目标应从传统的经济监督目标转向社会治理目标，即体现政府会计监管的公共性和秩序性，以“增进公共利益、维护公共秩序、实现会计善治”为目标，利益增进与利益调整并存。“增进公共利益、维护公共秩序、实现会计善治”是政府会计监管的终极目标，“资源配置高效、会计信息负外部性最小、体现公平分配”是政府会计监管的现实目标，政府监管的各个职能部门都应以此目标为部门的监管活动的目标。

9.1.2 明确政府在会计监管中的职能定位

在国家治理框架下，政府必须准确定位：调控经济、市场监管、公共服务和社会管理，并在此基础上，界定政府在会计监管中的职责定位：政府是从宏观上掌控全局而不是在微观层面，同时政府会计监管必须有侧重点。政府会计监管的职能定位是运用公共权力调整多元利益主体的利益关系，维护公共经济秩序，促进社会持续协调发展。政府会计监管强调监管主体的多元化，政府、社会、公民等相互承认彼此的治理权利和地位，协商共同遵守的竞争与合作原则，共同提供社会公共服务、解决社会公共问题，建立合作伙伴关系。政府会计监管注重治理目标与治理机制之间的匹配与效率。复合式治理结构取代传统单一治理制度是多种治理制度和机制的整合，既包括政治制度、经济制度、社会制度，也包括各项制度的制定、执行和评估。各种规则和系统相互配合、相互支持并实时调整，最终实现所有层次和领域的治理目标。

目前我国政府会计监管体系的内在缺陷主要表现在政府会计监管主体职责不清、职责重复，多头监管，各监管部门难以协调，存在监管空白或重叠等问题。因此，当前对政府会计监管来说最重要的是明确政府各会计监管部门的职责分工，创建科学、系统的监管体系和监管模式，建立健全会计监管实施机制，增强政府的整体功能。

从政府会计监管客体来看，政府应该处理好两个关系：第一个关系是政府与国有企业关系、政府与重大利益关联企业关系。政府既是社会的管理者，又是国有企业的投资者，双重身份使政府更加关心国有企业的经营管理活动与未来企业发展方向，尤其应该重视和加强监管国有企业披露的会计信息质量。第二个关系是政府与社会公众利益有重大关联的企业。这些企业的会计信息使用者数量多，涉及众多社会公众的经济利益，由于社会公众获取会计信息渠道不通畅，或者由于知识较少无法阅读和理解会计信息，因此，政府应该承担监管会计信息披露的内容、渠道及质量的责任。各级政府会计监管部门应该严把会计信息这一关，确保质量及会计信息的沟通、共享。

9.2　加强政府相关监督主体横向协同合作

在“三位一体”会计监督体系中，单位内部会计人员由于经济、人事关系依附于单位，会计监督活动流于形式（吴守峰，2014）；社会审计（注册会计师）实质是一种鉴证服务，不具有实施监督的动机和权力。但有监督动机和权力的股东、债权人、公众等却未被纳入会计监督体系。缺乏独立性的单位内部会计监督、缺乏监督动力的社会监督以及具有强烈监督动机的利益相关者的缺位势必给政府会计监督带来巨大的压力，会计监督主体的多元协同是大势所趋。事实上，随着会计信息外部性的影响日益显著，股东、债权人等参与会计监督的动力也在增强。同时，社会公众作为会计信息的使用者，也应纳入会计监督体系并发挥作用。与此同时，任何会计监督治理主体要想在多元异质的环境中获取自身利益，也必须适应国家治理体系的特点，通过积极参与、平等合作，实现共赢。因此，多元共治是会计监督体系优化的务实选择。

会计监督主体多元化要求在多元、协商、合作的基础上建立以政府为主导，股东、公共受托经济责任人、单位负责人、债权人、社会公众等参与的监督主体结构和协同互动的伙伴关系。具体来说，国家治理框架下的新会计监督体系应由政府[①]会计监督、利益相关者会计监督和单位内部会计监督组成。政府会计监督是法律赋予主管会计工作的政府部门（财政部门为核心）所实施的会计监督。政府会计监督应体现公正性，减少会计信息引发的公共与私人利益以及不同私人利益之间的冲突，降低会计信息的外部性，实现协调各方利益关系的“善治”目标（Sari，2015；陈志斌和周曙光，2017）。从这个意义上来说，政府会计监督是“元治理”，是国家治理的重要手段。利益相关者会计监督是由股东、债权人、社会公众、政府其他部门[②]、公共受托经济责任人[③]等利益相关者所实施的会计监督，其目标是维护各自的利益不受会计信息外部性损害，其中：股东、债权人等会计监督的目标是个体利益最大化，而政府其他部门、公共受托经济责任人、社会公众会计监督的目标则是公共利益最大化（Penman，2002；蔡春，2012）。单位内部会计监督是单位负责人实施的会计监督。

在多元共治的会计监督主体结构中，政府是“元治理”，以“利益相关者各得其所”为目标，发挥主导作用，并向其他主体提供参与会计监督的机会和渠道。股东、债权人等利益相关者以“个人利益最大化”为目标参与会计监督（李建英等，2017）。政府其他部门、公共经济责任受托人、社会公众等则以“公共利益最大化”为目标。单位内部会计监督与政府会计监督的目标相同，应定位于向社会提供客观、公允的会计信息，最大限度降低会计信息的外部性。显然，在新的“三位一体”会计监督体系中，单位内部会计监督是基础，利益相关者会计监督

---

① 本章中政府主要包括财政（财政部、各地专员办、地方财政部门）、人民银行、证监会、国家金融监督管理局等机构。

② 本章中政府其他部门是指除财政部门、人民银行、证监会、国家金融监督管理局等之外的其他政府职能部门，如教育部、科技部，这些政府部门也可以被视为公共受托经济责任人。

③ 本章用“公共受托经济责任人”代表受托经管国有资产的政府其他部门、机关事业单位以及国有资产监督管理委员会等。

是支柱，政府会计监督是灵魂。会计监督主体之间的相互合作、相互制约，显现了多元共治的优势，有利于实现“资源配置高效、会计信息负外部性最小、体现公平分配”的会计监督现实目标。

如何“善治”？会计善治是追求整个财会活动的好秩序、好信息、好规制，是会计监督机制改革的目的。新时代背景下的会计监督应具有新的内涵与外延。党的十九届中央纪委四次全会首次将会计监督纳入党和国家监督体系，赋予了会计监督新的政治定位，这是从国家治理体系和治理能力现代化高度对会计监督的全新定位。2021 年，国务院发布的《国务院关于进一步深化预算管理制度改革的意见》针对如何发挥财会监督、人大监督、审计监督等多种监督方式的协同效应提出了明确要求。2022 年，党的二十大报告从战略和全局的高度，明确了进一步深化财税体制改革的重点举措，也为健全新时代财会监督机制指明了方向、提供了遵循。“以横向协同、纵向联动”的新时代财会监督机制是贯彻党的二十大精神的体现，即建立财政部门主责监督、有关部门依责监督、各单位内部监督、相关中介机构执业监督、行业协会自律监督的财会监督体系，完善各监督主体横向协同、中央与地方纵向联动的工作机制。

9.2.1 加强依责监督的政府监督主体协同体系

目前，我国政府监督部门众多，财政、税务、审计、国资委、证监会等都要对财会活动进行监督。各个监督部门之间通常是各行其是、分散管理，缺少横向的信息沟通，这使得部门之间难以互相协调，共同行动致使监督重叠或监督空缺，从而产生监督过度与监督不足并存的现象。

当前，从政府层面来说，会计监督以财政部门为主责监督、有关部门（审计部门、证监会、税务部门、人民银行等）依责监督的政府监督主体协同体系。

1. 财政部门

财政部门的主要职责是制定财会规章制度并监督执行，对财会制度的执行情况进行监督检查、委派会计工作并进行指导、对注册会计师和会计师事务所的业务进行指导和实施监督、指导和管理社会审计。财政部门在监督和负责企业会计信息披露相关法规的拟定、出台、修订和废除的同时，还要重点关注国有企业和对广大社会公众影响重大企业的监督，以期提高财会监督的有效性和法律规范性。财政部门对会计监督活动进行层次划分。一是纵向划分。宏观上应对相关规章的制定及其执行情况负责，在整体上掌握怎样披露信息与如何提升信息披露的质量，把握财会监督的主要趋势。二是横向划分。财政部门既对国有企业和与社会公众利益关联度高的企业进行监督，又应对会计师事务所的独立性和审计报告的质量进行监督，还应对注册会计师的专业审计能力、法律遵从性实行监督。

2. 审计部门

2019 年《央编办关于财政部派出机构设置有关事项的通知》的发布，为财政部门和审计部门在权责分界上作了较为明晰的划分。同时，2021 年,《国务院关于进一步深化预算管理制度改革的意见》对发挥财会监督、人大监督、审计监督等多种监督方式的协同效应提出了明确要求。《意见》中，对检查相关具体财政预算执行等问题做出了明确的划分，强有效地解决了财政部门和审计部门相似职责交叉混乱的问题，避免两个部门对监督职责划分不清晰，出现监督盲区或重复性工作。

3. 证监会

证监会根据国务院的授权，对我国证券期货市场实施统一的监督和管理，维护证券期货的市场运行秩序，确保市场行为的合法性、真实性、公开性和透明性。对上市公司的监管是证监会的主要监管内容，负责监管上市公司的会计信息披露及质量，对上市公司财务报告的有效性、真实性实施监管，对会计师事务所提供审计报告的可靠性、审计活动的独立性进行监管。由于上市公司存在各种会计舞弊的动机，会出现提供许多虚假的财务报告、诱导会计信息使用者作出错误的判断和决策的现象，证监会作为政府监管部门必须履行监管职责，对问题上市公司与对其出具无保留意见审计报告的会计师事务实施严厉惩罚及追究责任。

4. 人民银行、税务部门

除了上述财政部门、证监会等政府监管部门以外，还有其他具有依法监管职能的机构，如人民银行、税务部门等。人民银行的会计监管目标侧重对商业银行和信贷方面的监管，用信誉评级体系等方法树立人民银行在金融领域的会计权威与公信力。税务部门也是政府会计监管的机构之一。税务部门通过税收征缴等获取的信息，向其他政府会计监管部门提供对决策有用的企业信息，同时协助其他职能部门进行会计监管。因此，按照成本效益原则，根据会计监管的方向对政府管理机构进行职能整合，加强监管部门之间的协作，构建和谐的协同监管环境，使政府会计监管的各监管主体形成分工合作的有机整体，增强监管效率和社会认可度，实现对市场经济全方位监管，维护经济秩序，保护社会公众利益。

9.2.2　增强其他财会监督主体的互补协调

从社会层面上来说，增强其他财会监督主体的互补协调是指以“财政部门主责监督、有关部门依责监督”为主导，充分发挥“各单位内部监督、相关中介机构执业监督、行业协会自律监督”的互补协调作用。

1. 单位内部监督

单位内部监督是单位负责人实施的会计监督。在现行的“三位一体”会计监督体系中，单位内部会计人员由于经济、人事关系依附于单位，财会监督活动流于形式（吴守峰，2014）。在单位内部监督中，单位负责人具有双重身份，一是监督人，对企业及下属的会计活动行使监督权力，二是被监督人，接受股东、债权人、政府、社会公众等监督。同时，单位负责人具有双重受托责任：一是经济利益最大化的经济责任，二是社会利益最大化的社会责任。因此，单位内部监督的目标不应是某一类利益相关者的利益最大化，而是各类利益相关者利益的协调，满足各类利益相关者的需求和偏好。

2. 中介机构执业监督

长久以来，为削减会计监督成本，政府将注册会计师视为不向政府索要工资的“经济警察”。但社会审计（注册会计师）实质是一种鉴证服务，不具有实施监督的动机和权力。中介审计机构有独立性、自私自利性等特点，没有构建自发抵制虚假会计信息的机制，企业家谋取利润和注册会计师获取审计报酬的欲望导致上市公司会计信息质量中的合谋现象层出不穷，却几乎不可能被揭穿，即便被揭发出来，政府的惩罚也较轻。因此，在财政部门主责监督、有关部门依责监督的主导下，也应发挥中介审计机构的监督动机和监督协同。

3. 行业协会自律监督

中国注册会计师协会、地方会计协会等各种会计行业协会是我国的行业自律组织，对有效执行会计监管发挥了重要的作用，行业协会成为政府和企业传递信息的纽带。我国政府会计监管更多地依靠自身力量，监督活动庞杂而繁重的，缺少行业自律的配合而过度依靠政府的监督，极易导致监督僵化和监督成本的增加，同时会降低效率，甚至偏离市场需求而发生监督纰漏。因此，行业自律应主动配合政府财会监督的要求，将政府监督与行业自律有机结合，充分发挥两者之间的互补效应，对政府监督活动中出现的信息反馈和知识存量等方面的缺陷进行弥补。政府财会监督部门应当支持与引导行业自律工作，踊跃推动行业自律管理体制建设，提升自律组织的技术援助水平，引导行业自律监督健康发展。

9.3 强化中央与地方纵向联动

按照统筹协调、分级负责、层层落实的要求，压实政府会计监管责任，加强上下联动，推动会计监督“一盘棋”发展。财政部加强会计监管工作的制度建设和统筹协调，牵头组织制定监督工作规划，明确年度监督工作重点，各地区各部门各单位做好组织实施。县级以上政府部门按照上级政府和部门的部署，依法依规组织开展本行政区域内会计监督工作。国务院有关部门派出机构依照法律法规规定和上级部门授权实施有关监督工作。各级政府和部门畅通会计监督信息渠道，建立健全政府会计监管重大事项报告机制，及时向上一级政府和部门反映财会监督发现的重大问题。

总之，政府会计监管体系是一个有机整体，各部分之间存在着相互联系、相互制约的关系。“整体大于部分之和”，即强调整体的重要性。对于会计监督而言，要建立全方位、多层次的监督主体体系。各会计监督部门各有各的职能，只有把各监督部门结合在一起才能发挥整体的作用。多元主体将平等、合作、协商、责任等价值元素融入财会监督体系中，一定程度上降低了会计监督的成本与风险。如果会计监督缺乏整体系统性，那么各监督部门之间就不存在有效结合，缺乏协调性，导致会计监督不成体系，政府会计监管的整体功能大打折扣。因此，各监督部门应构建协同监督体系，分工监督，形成监督合力。通过高效的协同机制提高政府会计监管的供给效率，确保会计信息质量，最终实现“会计善治”。

9.4　完善会计监督法制环境建设

在我国社会主义市场经济体制逐渐完善的同时，过去政府会计监管工作中被忽视的法律问题已经初见端倪，而且迫切希望政府重视和解决问题的呼声越来越高。这些问题有其复杂的社会背景和独特的法律环境。建设中国特色社会主义的基本目标与社会主义现代化建设的根本任务和原则均是法治环境的建设。因此，完善法制环境建设是社会主义市场经济发展的客观要求。为确保社会主义市场经济体制的建立健全及规范，必须拥有完善的法制制度做保障，而且相对成熟的市场经济也需要完善的法制环境。只有加强法制环境建设，才能使社会主义市场经济的优越性充分发挥作用。政府会计监管应侧重会计监管法律问题的研究，从我国目前的市场经济环境出发，与现有的会计活动相结合，寻找产生会计法律问题的根本原因。市场经济是法治经济，法治能够保证市场经济的健康发展。在市场经济体制下，法律手段是进行会计信息质量监管的主要方法。恰当地采取法律措施不仅能够在维护市场经济秩序的良性循环时发挥重要作用，还可以有效地制约各种会计舞弊行为，提升会计信息质量水平。政府会计监管体系的一个重要组成部分就是会计监管法律体系。因此，良好的法制环境下才有高效、有序的政府会计监管行为。

9.4.1　加大政府监管力度，重新设计惩罚机制

由于会计监管的生存环境日益复杂，经济领域和社会领域的新问题不断出现，但政府的精力有限，对会计监管的动态监管力度较小，惩罚机制设计和执行不严，只能定期地进行大规模的执法稽查活动实施暂时性的打击。就政府而言，政府的监督稽查权力频繁使用，边际效用越来越低。

政府作为主要监管者，对会计活动的监管是事后监管，并且惩罚不严，对财务舞弊行为多数只进行行政处罚，提起诉讼的案例很少。因此，有效的会计监管机制应以严格执行法律为前提。由于会计舞弊的预期收益显然大于预期成本，舞弊的机会成本较小，因此，我国证券市场持续发生财务舞弊事件，或许会逐渐陷入“劣币驱逐良币”的境地。

在这种背景下，企业努力提高会计信息质量以及提供真实可靠的会计信息的意愿不强烈。另外，通过会计舞弊得到的非法经济利益远远大于因制造虚假会计信息而受处罚的机会成本，对企业来说主动财务舞弊的诱惑很大，企业选择会计造假的意愿较强。因此，加大政府监管力度，重新设计惩罚机制，填补法律法规的空白，对出具虚假会计信息的企业和中介机构实施严厉惩罚，并且加大对上市公司会计信息稽查的力度和广度，大幅度增加会计舞弊的成本，致使无法从会计舞弊中牟取利益，才能彻底制止会计舞弊屡教不改、变本加厉的行为，从而规范会计活动，提高会计信息质量。

要建立健全对会计造假者追究法律责任的法律法规和对会计信息失真判定的法律法规及惩罚手段，通过统一和修改目前《中华人民共和国会计法》《中华人民共和国证券法》和《中华人民共和国公司法》中对发布虚假会计信息的违法行为的惩治标准，确立出具虚假财务报告与审计报告所负刑事责任的认定标准，提高法律的威慑力，削弱违法者心存侥幸的心理。

9.4.2 发现会计监管缺陷，提高会计规范体系的动态性、科学性

艾因·丹尼斯在《会计监管的本质》（*The Nature of Accounting Regulation*）一书中认为会计监管的必要手段和工具就是会计。在会计信息的编制过程中，必须将会计舞弊对会计信息的影响充分考虑在内，采取相应的手段约束其行为。

2001 年，会计舞弊是出现频率非常高的词汇。以银广夏[①]为代表的

① 银广夏公司全称为广夏（银川）实业股份有限公司，曾因优秀的业绩被称为“中国第一蓝筹股”。2001 年 8 月，《财经》杂志发表“银广夏陷阱”一文，银广夏虚构财务报表事件被曝光。

重大会计舞弊案严重地打击了投资者的信心，股价暴跌的一个主要原因也是上市公司会计舞弊带来的诚信危机。人们在批评、愤怒之后开始寻求解决问题的办法，包括美国等西方国家，“制度再造”也受到了人们的重视。证监会2018年出台了《上市公司治理准则》，2023年出台了《上市公司独立董事管理办法》，以期建立健全公司法人治理结构为目标的制度体系，填补政府会计监管制度设计和监管活动存在的缺陷。

1. 提高会计规范体系的系统性和科学性

为强化会计监管工作，1999年修订的《中华人民共和国会计法》，自2000年1月1日起实施，财政部也相继颁布了会计制度及其他相关会计法规。然而，伴随着经济体制改革的深化，市场经济快速发展，现有的法律法规存在的缺陷日益明显，有些规章制度中条文规定比较抽象，会计规范在某种程度上不系统且不连续。只有认识和发现会计监管中存在的问题，并恰当地处理这些问题，才能充分发挥会计监管的作用，保证经济正常运转，保护国家和社会公众的财产，对不顺应会计环境的规章制度应及时进行调整和修改，提高整个会计规范体系的系统性和科学性；积极高效地贯彻执行已出台的会计监管法律规范是政府会计监管的重要保障。

2. 构建高效动态的政府会计监管体系

高效动态的政府会计监管体系是督促上市公司披露真实公允会计信息的最基本措施，也是维护经济秩序、保护社会公民利益的手段，提高资源配置和资本运行效率的条件。在会计规范体系中，法律、法规之间存在某些冲突和差异，例如《中华人民共和国会计法》与《中华人民共和国证券法》是相互独立的，有各自监管的领域和职责，披露会计信息时没有相关规定和渠道协调沟通，实现信息共享。因此，各相关法律法规应在法律制度层面作出比较清晰统一的规定，即不同层次或不同部门拟定的法律法规在行政责任方面的规定应该一致，消除有差异的地方和存在的冲突及漏洞，通过统一相关法律法规，做到有法可依、有章可循，依法监督。

9.4.3　建立民事赔偿机制，完善民事诉讼制度

建立民事赔偿制度和民事赔偿机制可以有效减少上市公司的舞弊行

为。只有创立民事赔偿机制，投资者尤其是中小投资者才会对会计信息的优劣时时关注，主动自发参与监管，及时发现会计信息造假的问题。只要投资者的利益受损或者投资者察觉到企业出具虚假会计信息，利益相关者就可以向有关监管部门检举，按照相关法律法规和民事赔偿制度的规定，企业就会遭受严厉的处罚，既要赔偿利益受损的利益相关者损失，又要上缴提供虚假会计信息的违法所得，民事赔偿制度保护了投资者利益，加大了企业发布虚假会计信息的成本，增加违法违规企业因为会计造假给自身物质和声誉带来的损失。

民事诉讼制度是加强会计监管的重要手段，发挥着重要作用。我国的民事诉讼制度有待进一步完善。当上市公司的财务舞弊行为损害了社会公众利益时，许多中小投资者因虚假的信息作出错误决策而利益受损，由于社会公众对民事诉讼制度不了解，以及有限的精力和财力，难以对这些上市公司提起诉讼。同时，中小投资者对财务知识理解不深，难以阐明损失和违法行为之间的因果关系且提供准确客观的证据，由于不知如何运用法律手段保护自己的利益，错失进行诉讼的机会，无形之中鼓励了上市公司进行会计信息舞弊的行为。因此，在建立民事赔偿制度的同时要完善民事诉讼制度，让公众降低民事诉讼的成本，减少民事赔偿机制和利益相关者无法获得赔偿的障碍，完善的民事赔偿机制和民事诉讼制度，使利益受损的社会公众“可以申冤”，同时激发社会公众积极主动监管企业会计信息的热情，让社会公众协助政府实行会计监管，这样既提高了会计信息质量，又加大了对上市公司的震慑力。

9.5 提升政府会计监管改革中的科技治理能力

政府会计监管应持续创新监管理念和监管手段，不断健全监管制度。监管者必须与市场经济同步发展，面对各种变幻莫测的风险和环境，应当充分利用独创性的监管理念、现代化的监管技术以及科学的监管方法，通过全面、连续的监管，降低市场风险，确保整个市场经济的稳定发展。

9.5.1 加强大数据时代下政府会计监管系统顶层设计

随着人工智能、互联网、区块链、大数据等技术的成熟与应用，机遇也随之而来。为节约监管成本，实现最低程度的监管重叠，增强监管效果，各个监管部门之间需要进行信息共享与政策融合。强化信息技术监管、构建我国政府会计监管系统以及促进监管手段的现代化与网络化是必然选择，应当创建应用于各政府会计监管部门之间的政府会计监管信息网络系统，实行监管信息互通共享机制和大数据平台。

因各政府会计监管主体的监管职责及其范围不同，相应的监管权限也不尽相同。根据会计信息不对称理论，各级政府会计监管主体可获取的会计信息也各不相同，某一会计监管部门获取的会计信息也许会对其他会计监管部门的监管工作产生重大影响。虽然对各个政府会计监管部门的职责权限进行了明确划分，防止监管重叠与监管不力，但也无法保证有效性。通过构建政府会计监管信息网络系统，为政府会计监管活动的公平、透明、善治提供了保障。信息共享与互利共赢大幅提高了政府会计监管的效率和效果。会计活动也能利用财务软件来强化自身的监管。

同时，积极完善政府会计监管系统的顶层设计。当前我国政府会计监管系统建设亟待处理的问题是制定我国政府会计监管系统的总体发展规划。应当设立专门的监管系统领导机构，组织各级政府会计监管部门及相关科研机构针对监管系统的基础业务与关键技术、整体框架结构、遵守的各种标准、监管数据的收集体系（包括数据收集的内容、方式、方法及渠道）、监管信息的管理以及构建监管系统所牵涉的政策、制度、法规和资金等重要问题进行系统、科学地筹划，使各监管子系统之间有机组合、使监管信息有效共享。在拟定总体规划时，应借鉴西方国家在会计监管系统建设中的经验与教训，结合我国政府会计监管的现状，将国际会计监管的发展趋势与未来会计监管可能产生的影响充分考虑在内，建设具有中国特色的会计监管系统。

9.5.2 重视科技维度对政府会计监管的治理贡献

在政府会计监管中，传统的监管方式已无法应对现存的问题，会计治理方式亟须突破。传统会计监管模式出现新的局限：技术了解不足、更新较慢，信息不对称，监管法律法规滞后等，这对传统政府会计监管模式、理论逻辑和法律制度提出巨大挑战和要求。同时，监管技术匮乏、监管模式滞后和监管效率较低等问题非常突出，仅以传统监管体系已无法解决上述问题。因此，必须在传统会计监管维度之外增加科技治理维度、多元善治维度，以此提高会计监管效率、展现出时代性、科技性和安全性，更好地应对会计智能化可能产生的风险以及由此引发的监管挑战并促进政府会计监管创新。

因此，结合当前的社会技术发展实际，充分发挥科技和数据的作用，寻求探索会计监管体系的新维度——科技维度，已经成为新时代政府会计监管改革的未来研究方向之一。传统监管体系中加入科技维度构建出科技驱动型监管，侧重于监管者依靠科技手段获取信息，体现了科技驱动型监管的实时、动态、高效的特点，发挥了监管科技的优势，有利于解决技术缺乏了解、更新较慢、信息不对称、监管法律法规滞后等问题。科技驱动型监管通过动态、有序、主动、实时的监管，实现多元共治的监管目标，由各方主体共同参与的信息共享机制实施监管，降低了监管成本、提高了数据有效性，真正实现实时、预测、自上而下、以技术支撑为核心的透明监管体系。

利用新的科技发展作为手段，提升治理的能力和程度。新科技推动经济和社会的变革，新科技、新技术产生出了新的治理模式——二维度会计监管体系：科技与治理，科技维度的加入有助于形成合法、合规的“众管”环境，使传统监管手段无法防范的风险得以控制。会计监管科技的迅速崛起是监管者有效监管和改革监管的制度和技术保障，并将重新定义传统会计监管内涵、原则、主体、实施手段、法律法规等，在此基础上构建科技驱动型会计监管体系。

因此，以政府为主导的政府会计监管应该高度重视科技维度对政府会计监管的治理贡献。科技驱动型会计监管以数据、多样化手段为本，主要进行数据聚合、大数据处理和解释、建模分析与预测，以数据监管为核心，采取有效的数据收集、报告、管理和分析，实现会计监管模式由“了解客户”向“了解数据”的转变。多元共治、信息共享的监管机制和智能化动态监管机制是科技驱动型政府会计监管的重要实现路径。

9.6　加强公众和大众传媒对政府会计监管的监督

公民的会计监督具有其他主体的监督所不能取代的地位与作用，它既能推动国家机关及其工作人员有效地制定与执行会计监督，又能表达民意、确保公民的合法权益。政府应当为公民参与会计监管创造各种便利条件，拓宽监管渠道，激起公众监管的热情。反映民意，保障公民的合法权益是社会公众对会计监管结论监督的主要目的，是其他会计监管主体无法替代的。社会舆论可以及时反映公众对会计监管的态度，这对促进会计监管的准确性具有重要作用。新闻媒体能够及时反映会计监管中发生的公共问题，尤其是一些敏感或政府还未察觉的会计治理问题，通过媒体的发掘并公之于众，督促政府对这些会计问题进行调查、问询、处理，从而发挥了社会监督员的作用，提高了会计监管效率，使新闻媒体成为会计治理不可或缺的力量。

新闻媒体被称为“第四权力”，美国传播学家施拉姆在《传播学概论》一书中提出：大众传播媒介不能劝说人们怎么去想，但是却能成功地引导人们去想什么。任何制度和信息都要借助一定的载体才能传播，大众传媒与会计监管活动有紧密的互动联系，是会计治理手段社会化的媒介和途径，是会计监管结论的宣传工具、是监管效果满意度的社会舆论向导。媒体在传播信息、引导舆论、交流思想的同时成为参与会计监管的治理主体。虽然新闻媒体缺乏专业知识，其信息来源的有效性、准确性、客观性有待进一步考证，披露的内容又有一定瑕疵，但很多的事件最后被证明是真实的。由于大众传媒的直接性、迅速性和广泛性，为会计治理创造了良好的支持环境，提高了社会对政府会计监管的认知程度，激发了公众参与会计管理活动的积极性。新闻媒体的“焦点效应”具有强烈的舆论影响力，为大众传媒与社会公众这两个治理主体联手参与会计监管提供了机会，共同影响政府的会计治理决策和实施，迫使政府接受媒体与公众的愿望和诉求，推动了会计治理的多元、民主与公开。

因此，强化公众及大众传媒对会计的监管有助于公众表达对会计的见解与看法，也有助于会计监管者实时了解民意、科学地制定会计监管实施方案和高效解决会计问题；新闻媒介对会计的监督也可以对政府产生较大的压力，从而激励政府更加科学、有效地制定会计监管方案，认真完成会计监管活动。加强公众和大众传媒对会计监管活动的监督和方向引导是我国今后政府会计监管改革的方向途径之一。

参 考 文 献

［1］卜君、孙光国：《会计准则运行主体及其互动机制研究》，载于《会计研究》2017 年第 8 期。

［2］毕秀玲：《政府会计监管论》，厦门大学出版社 2004 年版。

［3］蔡春、朱荣、蔡利：《国家审计服务国家治理的理论分析与实现路径》，载于《审计研究》2012 年第 1 期。

［4］陈刚：《治理理论的中国适用性及中国式善治的实践方略》，载于《湖北社会科学》2015 年第 2 期。

［5］陈宏辉：《企业的利益相关者理论与实证研究》，经济管理出版社 2004 年版。

［6］常丽：《公共绩效管理框架下的政府财务绩效报告体系构建研究》，载于《会计研究》2015 年第 8 期。

［7］陈志斌、李敬涛：《政府善治目标的实现与政府会计治理效应》，载于《会计研究》2015 年第 5 期。

［8］陈志斌、周曙光：《政府会计国家治理功能的界定研究》，载于《会计研究》2017 年第 11 期。

［9］陈振明：《公共政策分析》，中国人民大学出版社 2010 年版。

［10］樊行建、肖光红：《关于企业内部控制本质与概念的理论反思》，载于《会计研究》2014 年第 11 期。

［11］郭道扬：《会计制度全球性变革研究》，载于《中国社会科学》2013 年第 6 期。

［12］郭亚军：《综合评价理论、方法及拓展（第 2 版）》，科学出版社 2015 年版。

［13］季小琴：《会计监管理论：综述及其引申》，载于《中南财经大学学报》2006 年第 6 期。

［14］贾晓璇：《简论公共产品理论的演变》，载于《山西师大学报

(社会科学版)》2011 年第 38 期。

[15] 刘长喜:《利益相关者、社会契约与企业社会责任》,上海财经大学出版社 2005 年版。

[16] 刘国强:《论会计信息属性与政府会计监管》,载于《会计研究》2006 年第 7 期。

[17] 李建发、张国清:《国家治理情境下政府财务报告制度改革问题研究》,载于《会计研究》2015 年第 6 期。

[18] 梁文松、曾玉凤:《动态治理——新加坡政府的经验》,中信出版社 2010 年版。

[19] 刘佳丽、谢地:《西方公共产品理论回顾、反思与前瞻——兼论我国公共产品民营化与政府监管改革》,载于《河北经贸大学学报》2015 年第 36 期。

[20] 李建英、赵美凤、周欢欢:《股权制衡、管理者过度自信与过度投资行为》,载于《经济与管理评论》2017 年第 4 期。

[21] 刘立国、杜莹:《公司治理与会计信息质量关系的实证研究》,载于《会计研究》2003 年第 2 期。

[22] 李明辉、曲晓辉:《我国上市公司财务报告法律责任的问卷调查及分析》,载于《会计研究》2005 年第 5 期。

[23] 刘瑞:《会计政策的博弈论研究》,西南财经大学出版社 2005 年版。

[24] 罗森瑙:《没有政府统治的治理》,剑桥大学出版社 1995 年版。

[25] 武辉:《公共政策分析视角下会计准则周期过程研究》,上海三联出版社 2011 年版。

[26] 李心合:《内部控制:从财务报告导向到价值创造导向》,载于《会计研究》2007 年第 4 期。

[27] 刘玉廷:《金融保险会计准则与监管规定的分离趋势与我国的改革成果》,载于《会计研究》2010 年第 4 期。

[28] 李志斌:《内部控制的规则属性及其执行机制研究——来自组织社会学规则理论的解释》,载于《会计研究》2009 年第 2 期。

[29] 孟焰、袁淳、吴溪:《非经常性损益、监管制度化与 ST 公司摘帽的市场反应》,载于《管理世界》2008 年第 8 期。

[30] 彭启发、李彬:《上市公司治理结构对会计信息披露质量影

响的实证研究》，载于《财会通讯》2010年第9期。

[31] 彭莹莹、燕继荣：《从治理到国家治理》，载于《治理研究》2018年第2期。

[32] 全球治理委员会：《我们的全球伙伴关系》，牛津大学出版社1995年版。

[33] 曲晓辉：《关于加强会计政策规范和监管的思考》，载于《上海会计》2000年第5期。

[34] 孙捷、和丕禅、鲁丽丽：《控制权机制、公司治理与经营者激励约束》，载于《商业研究》2003年第1期。

[35] 唐国平：《联合概念框架下会计信息质量特征之比较分析》，载于《财政监督》2011年第26期。

[36] 唐国平、刘忠全、刘金洋：《我国会计监督现状及优化思考》，载于《财务与会计》2017年第11期。

[37] 唐松、孙铮：《政治关联、高管薪酬与企业未来经营绩效》，载于《管理世界》2016年第5期。

[38] 田莹、段霞、黄本明：《会计信息失真的成因及对策》，载于《中南财经政法大学学报》2003年第1期。

[39] 杨东：《监管科技：金融科技的监管挑战与维度建构》，载于《中国社会科学》2018年第5期。

[40] 王爱学、赵定涛：《西方公共产品理论回顾与前瞻》，载于《江淮论坛》2007年第4期。

[41] 武辉、王竹泉：《国家治理框架下善治导向的会计监督体系重构》，载于《会计研究》2019年第4期。

[42] 武辉：《会计准则执行中的政府最优监管模式选择》，载于《财政研究》2013年第1期。

[43] 武辉：《政府社会资本与国家治理创新》，中国财政经济出版2020年版。

[44] 武辉：《基于宏观经济视角的会计准则动态周期研究》，经济科学出版社2019年版。

[45] 朱炜：《中国国有资产监管体制演进的主要历程与基本特征》，载于《经济学家》2022年第2期。

[46] 罗勇：《会计准则理论研究》，立信会计出版社店2007年版。

[47] 王军、陈毓圭、高一斌：《关于企业会计监督职能的反思》，载于《会计研究》1988 年第 10 期。

[48] 吴联生：《会计信息失真的“三分法”：理论框架与证据》，载于《会计研究》2003 年第 1 期。

[49] 吴联生、王亚平：《有效会计监管的均衡模型》，载于《经济研究》2003 年第 6 期。

[50] 吴守峰：《试论〈会计法〉颁行存在的主要问题》，载于《中国总会计师》2014 年第 2 期。

[51] 王颖：《会计信息失真的成因及对策》，载于《财经问题研究》2013 年第 1 期。

[52] 王跃堂、孙铮、陈世敏：《会计改革与会计信息质量——来自中国证券市场的经验证据》，载于《会计研究》2001 年第 7 期。

[53] 王竹泉：《利益相关者财务披露监管的分析框架与体制构造》，载于《会计研究》2006 年第 9 期。

[54] 王竹泉、毕茜茜：《改革开放 30 年会计监督的发展与创新》，载于《会计研究》2008 年第 7 期。

[55] 王竹泉、江玮滢：《我国会计信息质量检查十年回顾与改进建议》，载于《财政监督》2017 年第 2 期。

[56] 王竹泉：《会计信息披露的外部性与会计信息质量——基于利益相关者的视角》，载于《当代会计评论》2008 年第 12 期。

[57] 王竹泉：《利益相关者会计行为的分析》，载于《会计研究》2003 年第 10 期。

[58] 伍中信、徐晓航：《媒体治理、内部控制对国企投资的影响》，载于《财会月刊》2015 年第 2 期。

[59] 吴作章：《我国会计政府监管研究》，东北财经大学出版社 2007 年版。

[60] 石佑启、杨治坤：《中国政府治理的法治路径》，载于《中国社会科学》2018 年第 1 期。

[61] 夏冬林、刘峰：《试论会计管制与政府行为》，载于《会计研究》1995 年第 5 期。

[62] 谢德仁：《会计准则、资本市场监管规则与盈余管理之遏制：来自上市公司债务重组的经验证据》，载于《会计研究》2011 年第 3 期。

［63］谢德仁：《注册会计师行业管制模式：理论分析》，载于《会计研究》2002 年第 4 期。

［64］徐径长：《证券市场会计监管研究》，中国人民大学出版社 2002 年版。

［65］谢志华：《论会计的经济效应》，载于《会计研究》2014 年第 6 期。

［66］阎达五、支晓强：《论会计管制》，载于《中国农业会计》2003 年第 12 期。

［67］胡传成：《大数据环境下企业会计》，载于《会计师》2021 年第 3 期。

［68］张蕊：《企业战略经营业绩评价指标体系》，中国财政经济出版社 2002 年版。

［69］郁建兴、王诗宗：《治理理论的中国适用性》，载于《哲学研究》2010 年第 11 期。

［70］潘爱玲：《合作网络范式下企业集团管理控制研究》，中国人民大学出版社 2013 年版。

［71］俞可平：《治理和善治引论》，载于《马克思主义与现实》1999 年第 5 期。

［72］俞可平：《治理与善治》，社会科学文献出版社 2000 年版。

［73］俞可平：《中国社会治理评价指标体系》，载于《中国治理评论》2012 年第 2 期。

［74］俞可平：《没有法治就没有善治——浅谈法治与国家治理现代化》，载于《马克思主义与现实》2014 年第 6 期。

［75］杨雄胜、陈丽花、曹洋、缪艳娟：《会计理论范式革命：黎明前的彷徨与思考》，载于《会计研究》2013 年第 3 期。

［76］杨子豪：《证券虚假陈述民事赔偿制度的完善》，载于《江西社会科学》2016 年第 36 期。

［77］周安平：《“善治”是个什么概念》，载于《浙江社会科学》2015 年第 9 期。

［78］章贵桥：《政府会计功能、国家善治与政治信任》，载于《会计研究》2017 年第 12 期。

［79］张宏军：《西方公共产品理论溯源与前瞻——兼论我国公共

产品供给的制度设计》，载于《贵州社会科学》2010 年第 6 期。

[80] 张俊民：《会计监管》，立信会计出版社 2000 年版。

[81] 赵丽君：《会计信息失真及对策分析》，载于《山西财经大学学报》2012 年第 34 期。

[82] 张龙平、吕敏康：《媒体意见对审计判断的作用机制及影响》，载于《审计研究》2014 年第 1 期。

[83] 张先治、晏超：《会计准则变革的非预期效应理论框架构建》，载于《会计研究》2015 年第 2 期。

[84] 曾月明、刘佳佳：《基于政企关系的环境信息披露博弈分析》，载于《财会通讯》2016 年第 6 期。

[85] 赵艳芹、宁丽新、朱翠兰：《西方公共产品理论述评》，载于《商业时代》2008 年第 28 期。

[86] 周政：《会计信息失真及其治理方略》，载于《财经问题研究》2007 年第 7 期。

[87] 李丰团、郭东洋、贺莹洁：《国家治理背景下财会监督的创新及其实现路径》，载于《会计之友》2022 年第 11 期。

[88] 简·莱恩：《新公共管理》，赵成根译，中国青年出版社 2004 年版。

[89] 宋煜萍：《动态治理在中国：何以可能与如何可为》，载于《学术研究》2012 年第 12 期。

[90] 杨雄胜、陈丽花、孙东木、向利：《新中国会计监督的历史贡献》，载于《会计研究》2019 年第 11 期。

[91] 殷俊明、李佳林、潘俊：《政府善治驱动下会计助力国家治理的机理与路径》，载于《审计与经济研究》2020 年第 1 期。

[92] 祝继高、朱佳信、李天时、宫迪：《政府会计监督与银行信贷行为研究——基于财政部会计信息质量随机检查的证据》，载于《管理世界》2023 年第 1 期。

[93] 祁怀锦、曹修琴、刘艳霞：《数字经济对公司治理的影响——基于信息不对称和管理者非理性行为视角》，载于《改革》2020 年第 4 期。

[94] 柳光强：《政府会计监督如何影响盈余管理——基于财政部会计信息质量随机检查的准自然实验》，载于《管理世界》2021 年第 5 期。

［95］王竹泉、江玮滢、宋晓缤、高雅、于苏：《高质量发展与中国宏观会计信息质量综合评价》，载于《会计研究》2021 年第 4 期。

［96］吴非、胡慧芷、林慧妍：《企业数字化转型与资本市场表现——来自股票流动性的经验证据》，载于《管理世界》2021 年第 10 期。

［97］唐国平、刘忠全、刘金洋：《我国会计监督现状及优化思考》，载于《财务与会计》2017 年第 21 期。

［98］李心合：《会计监督与财务监督概念的裂变与解析》，载于《财会月刊》2021 年第 19 期。

［99］李晓慧、张明祥：《会计监管的演进与发展研究》，载于《会计研究》2019 年第 2 期。

［100］陈志斌、李敬涛：《政府善治目标的实现与政府会计治理效应》，载于《会计研究》2015 年第 5 期。

［101］刘航、伏霖、李涛：《基于中国实践的互联网与数字经济研究》，载于《经济研究》2019 年第 3 期。

［102］綦好东、苏琪琪：《会计如何更好赋能数字经济发展》，载于《财务与会计》2021 年第 15 期。

［103］武西锋：《数字经济时代垄断的权力本质与监管科技》，载于《学术论坛》2022 年第 12 期。

［104］雷宇、杨志强、邢风云：《党和国家监督体系中财会监督的含义和理论框架探讨》，载于《会计之友》2022 年第 5 期。

［105］徐玉德：《新时代财会监督论》，载于《财会月刊》2022 年第 7 期。

［106］李雪，朱金宇：《国家治理视角下财会监督、统计监督和审计监督新型协同机制的构建》，载于《财务与会计》2021 年第 9 期。

［107］李明辉、叶超：《国家审计监督权威性及其实现路径》，载于《安徽大学学报（哲学社会科学版）》2022 年第 5 期。

［108］李明辉：《审计监督全面覆盖：涵义与实现路径》，载于《南通大学学报（社会科学版）》2020 年第 6 期。

［109］张瑶、王竹泉：《财会监督体系重构新思路》，载于《财务与会计》2020 年第 24 期。

［110］马海涛、肖鹏：《国家治理能力提升背景下的财政监督体系构建研究》，载于《中国财政》2021 年第 12 期。

[111] 王爱国：《对财会监督的再认识》，载于《财务与会计》2020 年第 12 期。

[112] 王静茹：《新时代加强事业单位财会监督的几点思考》，载于《财会学习》2020 年第 7 期。

[113] 彭莹莹、燕继荣：《从治理到国家治理》，载于《治理研究》2018 年第 2 期。

[114] 周冬华、马海鹏：《传承与演进：中国共产党财会监督百年史》，载于《会计之友》2022 年第 13 期。

[115] 韦秀长、杨军：《强化数字化协同效应　开创财会监督新局面》，载于《财务与会计》2020 年第 21 期。

[116] 容军：《对新时代财会监督的认识与思考》，载于《财务与会计》2020 年第 17 期。

[117] 徐庆红、赵缔：《财会监督在新型国家监督体系下如何发挥重要作用》，载于《财务与会计》2020 年第 10 期。

[118] 武建华：《新时代背景下加强财会监督职能的对策研究》，载于《中国注册会计师》2022 年第 2 期。

[119] 李昌振：《国家治理视域下财会监督体系构建的逻辑与路径》，载于《会计之友》2021 年第 10 期。

[120] 唐思力：《会计监督体系的国际比较与启示》，载于《中国内部审计》2021 年第 9 期。

[121] 贺三宝、肖文：《加强财会监督的法治化思考》，载于《财务与会计》2021 年第 2 期。

[122] 谢志华、程恺之、杨克智：《财会监督之属性探析》，载于《财务与会计》2020 年第 18 期。

[123] 张瑞英：《有效发挥财会监督职能助力国家治理体系和治理能力现代化》，载于《财务与会计》2020 年第 12 期。

[124] 李若山：《财会监督是正常经济生态的重要标志》，载于《财务与会计》2020 年第 1 期。

[125] 高思凡：《政府善治导向下促进财会监督和审计监督协同的几点思考》，载于《财务与会计》2020 年第 13 期。

[126] 潘建青、方伟英、俞慧卿：《关于新形势下财政部门发挥财会监督职能作用的思考》，载于《财政监督》2020 年第 12 期。

［127］汗雅萍、何召滨：《新时代财会监督的定位、要素与路径》，载于《财务与会计》2020 年第 6 期。

［128］罗飞：《论国家作为出资者对国有企业的财务管理》，载于《会计研究》2001 年第 4 期。

［129］吴水澎、陈汉文、郑鑫成：《财务披露管理方式的维度观》，载于《会计研究》2002 年第 9 期。

［130］刘峰：《试论会计管制与政府行为》：载于《会计研究》1995 年第 5 期。

［131］保罗·萨缪尔森：《经济学》，萧琛译，商务印书馆 2012 年版。

［132］R. 麦克尼尔：《新社会契约论》，雷喜宁、潘勤译，中国政法大学出版社 1994 年版。

［133］陆微：《会计准则制定中的利益相关者博弈研究》，湘潭大学，2008。

［134］斯蒂格利茨：《经济学》，黄险峰、张帆译，中国人民大学出版社 2013 年版。

［135］张维迎：《博弈论与信息经济学》，上海三联书店、上海人民出版社 2004 年版。

［136］Blair M. M. and Lynn A. S，Team Production in Business Organizations：an Introduction. *The Journal of Corporation Law*，1999a（4）.

［137］Christensen T，Post – NPM and Changing Public Governance. *Meiji Journal of Political Science and Economics*，2012. 1.

［138］Dechow，P. M，R. G. Sloan，and A. P. Sweeney. Causes and Consequences of Earnings Manipulation：An Analysis of Firms Subject to Enforcement Actions by the SEC. *Contemporary Accounting Research*. 13 Spring. 1996.

［139］Donaldson T. and Dunfee，T. W，Toward a Unified Conception of Business Ethics：Integrative Social Contracts Theory. *Academy of Management Review*，19（2），1994.

［140］Freeman R. E.，*Strategic Management*：*A stakeholder Approach*. Boston：MA：Pitman，1984.

［141］Freeman，R. E.，and W. M. Evan，Corporate Governance：A

Stakeholder Interpretation. *Journal of Behavioral Economics*, 19 (4). 1990.

[142] Glaeser and Edward L., A Reason for Quantity Regulation. *American Economic Review*, 91 (2). 2001.

[143] Harry I. Wolk and Michael G. Tearney, *Accounting Theory*, South – Western College: South – Western College Publishing, 1997.

[144] Herve Stolowy, Gaetan Breton, A Framework for the Classification of Accounts Manipulations. HEC Accounting & Management Control Working Paper, No. 708, 2000.

[145] James M. Buchanan, An Economic Theory of Clubs, *Economica New Series*. Vol. 32, No. 125, 1965.

[146] Kaplan, Accounting Scholarship that Advances Professional Knowledge and Practice. *Accounting Review*, Vol. 86, No. 2. 2011.

[147] Klievink. B., M. Janssen, Realizing Joined-up Government – Dynamic Capabilities and Stage Models for Trans-formation. *Government Information Quarterly*, 26, 2009.

[148] Korok Ray, The Allocation Effects of the Precision of Accounting Estimate. *Journal of Accounting Research*, 9. 2007.

[149] Mitchell A. Wood, Toward a Theory of Stakeholder Identification and Salience: Defining the Principle of Who and What Really Counts. *The Academy of Management Review*. 22 (4) 1997.

[150] Olander S., External Stakeholder Management., Lund University, UK. 2006.

[151] Ozkan N., Z. Singer and H. You, Mandatory IFRS Adoption and the Contractual Usefulness of Accounting Information in Executive Compensation. *Journal of Accounting Research*, 50. 2012.

[152] Penman, The Quality of Financial Statements: Perspectives from the Recent Stock Market Bubbl. *Accounting Horizons*, 17, 2003.

[153] Pressman S., On Financial Frauds and Their Causes: Investor over Confidence. *American Journal of Economics & Sociology*, 57. 1998.

[154] Richard G. Sloan, Financial Accounting and Corporate Governance: A Discussion. JAE Rochester Conference, April 2000.

[155] Samuelson Paul, The Pure Theory of Public Expenditure. *Review*

of Economics and Statistics, 36 (Nov), 1954.

[156] Sari E. N. , Accounting Practices Effectiveness and Good Governance: Mediating Effects of Accounting Information Quality in Municipal Office of Medan City. *Indonesia Research Journal of Finance and Accounting*, 6 (2). 2015.

[157] Shyam Sunder, *Theory of Accounting and Control.* South – Western College Publishing, 1997.

[158] Stephen A. Zeff, A Perspective on the U. S. Public/Private – Sector Approach to the Regulation of Financial Reporting. *Accounting Horizon*, 3. 1995.

[159] Karthik Balakrishnan, Emmanuel T. De George, Aytekin Ertan, Hannah Scobie, Economic Consequences of Mandatory Auditor Reporting to Bank Regulators, *Journal of Accounting and Economics*, 72. 2021.

[160] Wilbur Schramm, *Men, Message and Media.* China: Xinhua Publishing House, 1984.

[161] William R. Scott, *Financial Accounting Theory.* Canada: Pearson Canada Inc. , 2015.

[162] Anya Kleymenova, Rimmy E. Tomy, Observing Enforcement: Evidence from Banking. *Journal of Accounting Research*, 1. 2022.

[163] Eddy Cardinaels, Christoph Feichter, Forced Rating Systems from Employee and SupervisorPerspectives. *Journal of Accounting Research*, 9. 2021.

[164] Korok Ray, The Allocation Effects of the Precision of Accounting Estimates. *Journal of Accounting Research*, 9. 2007.

[165] Hoskisson R. E. , Chirico F, Zyung J, Managerial Risk Taking: A Multitheoretical Review and Future Research Agenda. *Journal of Management*, 1. 2017.

[166] Ross Watts, Jeorld Li, A Positive Accounting Theory. Accounting Review, 1. 1986.

[167] Peter Taylor, Sutartu Tircy, Applying Economic Consequences Analysis In Accounting Standard Setting: A Tax Incidence Approach. Journal of Business, 12. 1986.

[168] Tom Lee, Changing form of the corporate annual report. Accounting Historians Journal, 1. 1999.

[169] William. R. Scott. Financial Accounting Theory. Canada: Prentince-hall Inc, 1999.

[170] K Ueda, F Valencia, Central Bank Independence and Macro – Prudential Regulation. Economics Letters, 1. 2014.

[171] Richard G. Sloan. Financial Accounting and Corporate Governance: A Discussion. JAE Rochester Conference, 4. 2001.

[172] B Jessop, The rise of governance and the risks of failure: the case of economic development. International Social Science Journal, 5. 2010.